企业商事法务丛书

汉译主编 季卫东

企业金融方法的多样化与法

〔日〕 德冈卓树 野田博 编

高师坤 范文臻 译

商务印书馆
创于1897
The Commercial Press

ビジネス法務大系Ⅲ
企業金融手法の多様化と法
德岡卓樹　野田　博　編
© 2008 年日本評論社
ALL RIGHTS RESERVED
本书根据日本评论社 2008 年版译出

总序：重新认识企业法务

在2016年，一直被认为是世界法律秩序稳定之锚的英美两国突然发生异变。英国公投决定脱离欧盟，在欧洲乃至全世界掀起滔天巨浪。美国大选推出另类总统特朗普，在世界范围内不断造成意外和不确定性。以此为背景，WTO上诉机构按照任期届满的空缺职位重新遴选新委员的工作从2016年开始受到严重阻碍，直到三年后彻底丧失裁定的功能。美国从2018年1月开始采取大幅度提高关税的举措，从2019年5月开始对华为等企业采取封杀行动。这场中美贸易战的本质其实是法律战，必然促进企业的策略诉讼以及政府的司法外交，当然也就相应地提升了预防法学的重要性。为此，我们需要在新的时代背景下重新省察和反思中国企业法务的制度设计和运作实践。

在过去很长时期内，中国企业忽视了企业法务的功能。按照国际惯例，大型企业的法务开支一般占营业收入的百分之一，但中国的这一占比曾经只有千分之一；在企业的治理结构中法务部门一直处于从属地位，不能参与经营决策；法务人员与顾问律师之间的角色分担关系也是模糊不清的。自从经济合作与发展组织（OECD）成员国在1997年签署《国际商业交易活动反对行贿外国公职人员公约》、美国在1998年修改《海外反腐败法》而把贿赂罪适用范围扩大到外国企业和自然人，各国企业在涉外业务中的法律风险骤增，中国也相应地提高了对企业内控与合规的要求。从2004年起，中国通过三个特别"三年计划"建立和健全了总法律顾问制度以及法律风险防范机制，特别是2012年国资委颁布企业合规的国家标准，企业法务逐渐成为经营决策的指南针。从对总法律顾问具备律师资格的刚性要求上，还可以依稀看到律师主导的美国式企业法务模式的影响。

　　日本式企业法务模式有所不同，并非律师主导。企业的大部分涉法涉讼事务都由法务部门处理，往往只把自己无法解决的难题交给外聘律师。所有法务人员都是在公司里工作的职员，法务部长也无须获得律师资格，因而企业的法务成本相对比较低，法务部门与业务部门之间的关系也比较协调。企业法务部门的主要职责包括合同文书的起草、修改、审核，就包括劳资关系在内的各种法律问题进行咨询，参与商务谈判以防范有关法律风险，建立和维持内控制度并进行合规培训，维护知识产权，研讨并购的攻防对策，履行环境保护等社会责任，与政府和司法机关进行沟通，与律师进行协调与合作，处理解决纠纷和诉讼的相关问题，等等。2008年的金融危机导致美国跨国公司压缩律师聘用的开支，更重视录用企业内部法律工作者来满足合规和守法的需要。在这种背景下，日本式企业法务模式也受到更多的关注。

　　中国与日本之间围绕企业法务的体系化深入交流，可以追溯到上海交通大学凯原法学院在2009年开始正式举办学分制日本企业法务系列讲座、在2010年开设东京企业法务实习基地，以及在2011年携手日本经团联成立企业法务研究中心。2017年的中国企业法务年会上海会场邀请到日本经营法友会领导层和代表与会，决定从2018年起在东京和上海两地交替举办中日企业法务年会。就在中美贸易战如火如荼的2018年，上海交通大学日本研究中心作为教育部认定的国别研究中心、作为校级实体化平台隆重成立，围绕企业法务的研究和交流也就自然而然成为这个中心的一项重要任务。在这样的背景下，我们启动了日本企业商事法务丛书的翻译出版计划，试图为中日两国在新时代的经济合作以及纠纷化解奠定坚实的法务基础。

早在国际经济纠纷开始激化的年代，日本就曾经策划出版过关于企业法务的大型丛书，对我国当然也有借鉴意义，但毕竟很多内容已经过时。作为大型公司法务部长交流平台的日本经营法友会倒是经常出版关于企业法务的专题论文集、专著以及最新法规解说，但这些不断刷新的书刊缺乏体系性，无法让中国读者一窥全貌。最后选定的商事法务丛书是从2006年开始编辑，到2009年出齐，距今只有十年左右的时间，内容还在保鲜期内。这套丛书的编撰者包括相关领域的权威学者和实务家，特色是非常注重对现实中出现的各种法律问题的学理分析，试图通过在理论与实践之间架设桥梁的方式为企业法务指明进一步发展的方向，并且提升预防法学和策略诉讼的专业水准。这套书分为四种，包括许可合同、并购和合资、企业金融创新、国际商务等四大前沿领域的重要现象和趋势、法律的制度安排以及操作流程的解析，具体论述的范围实际上几乎涵盖了企业法务的所有层面。因而这套丛书既可以作为企业法务研究的向导，也可以作为法学院培养专业人才的教科书或参考书，还可以作为总法律顾问和法务部长们的业务指南。

不得不指出，就在过去的十来年里，数字化信息技术使法律界的生态环境发生了天翻地覆的变化。物联网、大数据、云计算以及人工智能在司法机关和律师事务所被广泛应用，法律流程外包（Legal Process Outsourcing, LPO）现象变得司空见惯，在这种状况下法律科技公司如雨后春笋般涌现出来，并逐步扮演起替代性法律服务提供商（Alternative Legal Service Providers, ALSP）的角色，直接对接客户而不让律师作为"中间商"赚差价。因此，律师事务所以及司法机构不得不在多样化条件设置下迎接竞争，增加对法律科技的投入或使用，兼顾智能决策、会计、金融等法律之外的关联服务。同样，企业法务部门也开始大量导入智能化的法律科技（Legal Technology）和辅助性服务软件（Software as a Service, SaaS），用于AI合同审核、电子签约服务、数据的追踪管理、多语种自动翻译、国内外法规和案例的检索、企业法务部门与外聘律师的在线协调和咨询、数字化调查取证以及区块链存证。显而易见，企业法务也正在面临数字的覆盖，势必在法务操作科技化、法务运营平台化的激变之中促成相应的范式创新。即便如此，这套丛书揭示的法律专业原理和技巧在数字化时代仍然不会失效，倒是会反过来对数据科学和计算机科学的发展提出更高的具体要求，促进信息通信技术与既有的合规体系不断交织和重组。

这套书的译者都曾经在日本留学和生活过很长时间，是双语达人，所从事的专业工作也与企业法务有着千丝万缕的联系。其中两位是商法、企业法以及知识产权法学科的青年才俊——段磊从东京大学获得法学博士学位后先在名古屋商科大学担任助理教授，再到华东师范大学法学院就任副教授；储翔从神户大学获得法学博士学位后到律师事务所工作过一段时间，现在华东政法大学任教。另外两位是中日经济合作方面的资深律师——骆美化曾经在君合律师事务所创立初期开拓日本业务并担任高级合伙人，现在转为顾问并兼任瑞穗银行（中国）有限公司独立董事；高师坤是上海世民律师事务所的高级合伙人并兼任住友化学投资（中国）有限公司监事。他们都对书中涉及的专业问题了然于胸并且富有实践经验。也就是说，与原著编撰者兼有法学教授和法律实务家的构成相对应，译者也考虑到理论与实践两方面的代表性。各位译者都在繁忙的本职工作之余认真进行翻译，确保精准传达高度专业化内容的原意。

在所有译著付梓之际，我谨代表上海交通大学日本研究中心，代表中日企业法务论坛的组织方，特向各位译者表示敬意和谢意。同时还要感谢日本评论社串崎浩先生不辞辛劳逐一征求日本作者的同意并授予涉外出版的所有权限。当然，在这里要特别感谢商务印书馆责任编辑王兰萍女士对这套书翻译和出版的支持、在等待和编辑译稿方面的耐心以及令人感动的敬业精神。但愿这套"企业商事法务丛书"有利于中日两国企业法务界的交流与合作，有利于企业法务高端人才的培养和训练，也有利于中国企业在充满风险和不确定性的当今世界化险为夷，通过合法经营以及富于洞察力和专业知识的决策而不断发展壮大。

是为序。

季卫东

上海·2021年红叶时节

日文版"企业商事法务丛书"刊行寄语

本丛书旨在对企业现今面临的各种法律问题进行理论分析，并为解决此类问题提供方向。因此，本丛书面向的读者人群首先为从事商事法律实务的律师、企业法务负责人，其次是对实务中的问题感兴趣的法学研究者。

策划本丛书的理念一言以蔽之，是成为"实务和理论的桥梁"。日本法律实务和法学研究此前具有相互背离的趋势。20世纪90年代以后，很多法律学会鼓励实务家参会，尽管上述趋势有所改善，但实务和研究的背离在企业法务等众多法律领域仍旧屡见不鲜。

这导致从实务家的角度观之，实务中真正亟待解决的问题并不一定是法学研究的对象，因此时常有无法利用法学研究成果处理问题的情形。而从法学研究者的角度观之，尽管既存的实务内容中存在理论问题，但我们常常会忽视这样的现状：在未认识到可能产生法律风险而直接进行处理的情形下，实务不断得以发展。

就法学研究和法律实务之间的关系而言，两者的背离并非理想的状况，自不待言。本丛书刊行的出发点就是希望能够或多或少地改善这样的现状。

为达成上述目的，本丛书编委由实务专家（律师）和法学研究者双方共同构成。特别是，研究者当中也有部分从事实务的执业律师，这样有利于在实务专家和研究者间进行实质性探讨。在双方充分讨论的基础上，依据实务、法学研究双方的问题意识，在企业法务的各领域内，提炼值得讨论的重要课题。在各课题执笔之际，我们将写作重心放在对具体实务问题的法理分析和考察，而对制度的讲解，仅限于分析问题所必要的范围之内。

在日本，商事相关法律解释的明确化，是构建商业活动的重要基础。希望本书能为商事法务的发展提供些许助力。

2006年11月

"企业商事法务丛书"编辑委员会

小川宪久（律师）	宍户善一（成蹊大学）
须网隆夫（早稻田大学）	椙山敬士（律师）
高林龙（早稻田大学）	道垣内正人（早稻田大学）
德冈卓树（律师）	中野通明（律师）
野田博（一桥大学）	平岛竜太（筑波大学）

译者序

《企业金融方法的多样化与法》系日本评论社出版的"企业商事法务丛书"中的一册,由德冈卓树等七位法律专家执笔撰写而成。这次受季卫东教授之托翻译本书深感荣幸。译者长年从事中日两国企业商务往来中的各类法律服务工作,这次翻译工作对译者自己而言也是一次深化学习、加深理解的良机。该丛书于21世纪第一个10年内成书,书中讨论的课题也都是围绕当时日本金融环境中暴露出来的问题而展开的,但书中具体的讨论及其思路仍能给予当前的法务工作以启发。

本书由七章构成,从企业的利益、投资人的利益、债权人的利益以及各类金融机构的利益等角度出发,针对转让担保、破产保护、贷款债权、有价证券、信息中介等金融活动相关的法律实务中所暴露的各类问题进行了细致的论述。文中的讨论并不仅仅追求在当时环境下解决问题,而是从更高的层次俯瞰问题的轮廓,分析问题背后的逻辑,从规定与实务间的乖离出发,以实现规定和实务逐步趋于契合为目标,为今后法律实务的改良迭代提供一些思路。不仅如此,本书部分论点的讨论中还参考了美国、德国等其他国家的法律实务,或以此推测现行实务中一些思路的源头,或以此为相关课题的讨论注入新鲜的血液。

近些年译者在为来华开展商业活动的日本企业提供法律服务

的同时，也通过与日本的律师或会计师等合作，协助中国企业走向日本市场。其间，译者发现中日企业之间沟通的最大障碍往往不是语言（语言的障碍通过翻译或学习等大都能克服），而是分析具体实务时在思考方式上的差异。跨境的商业活动与法律有着紧密的联系，商业活动中的一些思考都离不开对法律的思考。日本企业对法律的思考方式不同于中国企业，这就导致中国企业往往难以精准地把握日本企业所表达的意图。当然这种障碍可以通过紧密地交流沟通来克服，但这必然会导致沟通成本的上升和沟通效率的低下。为此不仅需要在每项实际工作中充分理解日方的具体意图，更需要了解这种思考方式的根源。而本书中贴近实务的论述深化了译者对日方思考方式的理解，拓宽了译者的思路，可谓受益匪浅。在全球经济整体下滑的今天，更需要国际间紧密的商业合作。此时就需要一个能消除双方思考方式差异的桥梁。相信本书及本丛书能为更多从事跨境商业活动的朋友带来这种思考方式上的启示。

本书中七位法律专家展现出来的缜密且严谨的论述语言对这次的翻译工作而言是一大挑战。由于日语与汉语之间在句法表达上的差异，为能正确反映原文所想表达的内容，必须逐字逐句地去理解原文的含义，抽丝剥茧地分解原文，再以汉语的句法重新构文。面对文中环环相扣、天衣无缝的论述，分解重构工作不容丝毫的错误。为了防止过犹不及而能够正确反映本书中的思考和论述，译者在整个翻译过程中如履薄冰，生怕失之毫厘谬以千里。让译者再次理解了"信、达、雅"三字之沉重，翻译之路之艰辛。

当然翻译中遇到的困难也不仅限于此。一些概念的差异也是语言沟通中的一大障碍。本书第一章中出现的"壳渡担保"便是其中一例。该专用名词在日语中的解释是："债务人（标的物的卖方）

将担保物出售给债权人（标的物的买方），债务人清偿债务后可以从债权人手中取回担保物。其特征是双方的债权债务关系会在债务人清偿债务之前暂时消失。"同时这个概念的注释中往往会提及日本的民法典中对此没有定义。但至少截至1955年，日本的法院还会积极地在判决书中运用这个概念，而1985年的《民法的争议》、2005年的《现代民法》等刊物中仍能找到不少日本法律专家对"壳渡担保"的讨论。而在中国，物权的转移和物权的担保是泾渭分明的两个概念，并没有一个与"壳渡担保"对应的专用名词。译者苦思良久后权以"典当性质的担保"一语代之。译者才疏学浅，难免有疏漏之处，还望各位读者不吝赐教。

高师坤

合译者范文臻

2023年 盛夏

目　录

凡　例 ·· 1
前　言 ·· 3
第一章　真实转让论相关思路的整理 ·· 5
　一、判断真实转让时需要考虑的因素 ··· 7
　　（一）从会计标准来看，在转让人的财务报表上是否被作为
　　　　　表外资产处理 ··· 7
　　（二）能否清晰界定被转让的资产 ·· 8
　　（三）第三者对抗要件是否完备 ·· 8
　　（四）资产价值与转让对价是否对等（后者对价金额更小） ······ 9
　　（五）当事人的意思表达 ··· 10
　　（六）是否附带回购条件 ··· 12
　　（七）信用增级的比例 ··· 13
　　（八）存在被担保的债权 ··· 14
　　（九）受让人的处分权不受转让人状态影响 ··························· 16
　　（十）当事人的风险承担 ··· 17
　二、对讨论框架的试论 ··· 24
　　（一）附带回购条件时 ··· 24
　　（二）转让人提供次级信用增级时 ·· 33
　三、金融租赁和真实转让的关系 ··· 36

xi

四、结语 … 38

第二章 证券化方案中SPV的防破产措施 … 43
一、设问 … 44
（一）破产隔离措施：防破产措施和防破产程序措施的区别 … 44
（二）防破产程序措施的必要性 … 45
（三）需要予以防止的那些破产手续的意义 … 47
（四）其他前提 … 48
二、自主申请破产程序的防止措施 … 49
（一）放弃自主申请权的效力 … 49
（二）防止自主申请的方法 … 52
（三）对自主申请中剩余的一些可能性的评估 … 54
三、非自主破产程序申请的预防措施 … 55
（一）债权人放弃申请权的效力 … 55
（二）申请权放弃的期限限制 … 59
（三）当放弃申请权的债权人破产时的申请权放弃效力 … 60
四、限定责任财产特别协议 … 61
（一）限定责任财产特别协议的意义 … 61
（二）限定责任财产特别协议的效力 … 62
（三）限定责任财产特别协议的实效性 … 67

第三章 利率管制和贷款业限制给贷款债权证券化造成的影响 … 71
一、问题的根源 … 72
二、借款债权证券化的方案 … 77
（一）贷款业24条2款的适用 … 78
（二）贷款业43条1款的适用 … 82
三、2006年的3项判决的影响 … 85

（一）事实关系与判决的主旨 ································ 85
　　（二）3项判决的逻辑 ···································· 88
四、结语 ·· 95

第四章　围绕金融交易重新讨论合同法学的必要性
——从公司债的担保形式展开 ···························· 99
一、前言 ·· 100
　　（一）经典合同观的修改 ·································· 100
　　（二）金融交易合同的职责 ································ 100
二、公司债附带保证的一般有效性 ···························· 101
　　（一）公司债附带保证的一般有效性 ························ 101
　　（二）迄今为止的讨论及其问题点 ·························· 102
三、汇票保证中基于独立行为的保证的理论及单方面负担
　　债务行为的可能性 ······································ 103
　　（一）汇票保证的逻辑 ···································· 103
　　（二）基于独立行为的担保的若干案例 ······················ 103
　　（三）单方面负担债务的行为：这种普遍性理论的存在 ········ 106
四、公司债附带保证的法律结构的相关解释论 ···················· 107
　　（一）对单方面负担债务的行为的解释 ······················ 107
　　（二）"为第三方签订的合同"的可能性 ······················ 113
五、结语 ·· 115

第五章　新股申购邀请与老股申购邀请相关概念的若干讨论 ···· 117
一、前言 ·· 118
二、金融商品交易法及新股申购邀请与老股申购邀请的概念 ······ 118
　　（一）前引 ·· 118
　　（二）第二类有价证券及全新的新股申购邀请与老股申购

　　　　邀请概念 ··· 118
　　（三）特定组织重组的发行和交付手续与新股申购邀请与
　　　　老股申购邀请的概念 ·· 120

三、在新股申购邀请与老股申购邀请概念中的被邀请者
　　标准和持有者标准 ··· 122
　　（一）前引 ··· 122
　　（二）背景 ··· 122
　　（三）若干讨论和今后的展望 ··· 124

四、组织重组与新股申购邀请与老股申购邀请概念 ············· 128
　　（一）前引 ··· 128
　　（二）背景 ··· 129
　　（三）若干讨论和今后的展望 ··· 131

五、结语 ·· 138

第六章　MSCB相关的法律和实务应对 ······························ 141

一、首先 ·· 142
二、传统型MSCB的问题和MSCB的现状 ····························· 146
　　（一）传统型MSCB的问题点 ·· 146
　　（二）基于新型金融手法的MSCB的特点 ························· 148
三、法律问题——围绕优惠发行限制来谈 ······························ 152
　　（一）与优惠发行限制的关系 ··· 152
　　（二）其他法律问题 ·· 165
四、自主限制方面的应对 ·· 167
　　（一）概要 ··· 167
　　（二）日本证券业协会理事会决议《关于会员参与MSCB
　　　　等的处理》的制定 ·· 168

五、结语 …………………………………………………… 172

第七章　证券分析师的监管
　　　　——比较监事和信用评级机制 ………………………… 175
　一、前言 ……………………………………………………… 176
　二、证券分析师监管制度的对象 …………………………… 177
　三、以确保分析和评估水平为目的的监管 ………………… 182
　　（一）以确保证券分析师的分析和评估水平为目的的监管…… 182
　　（二）对比审计人及信用评级机构的监管制度 …………… 183
　四、利益冲突限制 …………………………………………… 184
　　（一）个人利益关系的相关限制 …………………………… 184
　　（二）对象公司及所属机构的利益关系相关监管 ………… 189
　　（三）对象公司在信息提供上施压相关的监管 …………… 200
　五、证券市场对信息中介的监管方式 ……………………… 202
　　（一）构建证券分析师监管制度所带来的变化 …………… 202
　　（二）设计信息中介相关监管制度的出发点 ……………… 205
　六、结语 ……………………………………………………… 211

索　引 ………………………………………………………… 213
缩略语对照表 ………………………………………………… 217

凡　例

▼法规名称

原则上用正式名称表述。但正式名称太长的则采用常用的简称。此外，平成17年修订前实施的商法，在原则上表述为"旧商法"。

▼判例

略记法如下：

高判昭和33·7·22民集12卷第12号1805页→最高裁判所昭和33年7月22日判决、最高裁判所民事判例集第12卷第12号1805页。

此外还有如：大阪高判→大阪高等裁判所判决、东京地八王子支判→东京地方裁判所八王子支部判决等。

主要的判例集的缩写如下：

民录	大审院民事判决录［明28—大10（1895年—1921年）、全27辑］
民集	大审院民事判例集［大11—昭21（1922年—1946年）、全25卷］
	最高裁判民事判例集［昭22（1947年）—］
裁时	裁判所时报［昭23（1948年）—］
判时	判例时报［昭28（1953年）—］
判T	判例Times［昭25（1950年）—］
金法	金融法务事情［昭26（1951年）—］

前　言

"企业商事法务丛书Ⅲ"主要以商务法务领域尤其是金融和证券交易领域为研究对象。丛书作为一个整体的系列，主要是着眼于基于法律理论深入探讨法律实务中一些非常重要但未进行过充分理论分析的问题。本书由以下七篇论文构成，这些论文都是围绕基于上述观点所精选之课题展开的。

首先是围绕证券化（资产流动化）展开的三篇论文。它们分别是：《真实转让论相关思路的整理》（第一章）、《证券化方案中SPV的防破产措施》（第二章）以及《利率管制和贷款业限制给贷款债权证券化造成的影响》（第三章），旨在为资产流动化和证券化方案所带来的实际问题中至今未能在法律理论的框架下得到充分讨论的实务问题提供理论分析的思路。其中第二章不仅讨论了标题所述措施的意义、方法和效力等问题，还讨论了证券化案件以及项目融资中经常被采用的限定责任财产条款的意义和效力。

其次收录了《围绕金融交易重新讨论合同法学的必要性——从公司债的担保形式展开》（第四章），通过倡议对合同法学的重新讨论，在实现更为稳定的实务操作的同时，推动实现未来的学术创新。

此外还收录了《新股申购邀请与老股申购邀请相关概念的若干

讨论》(第五章),考察作为证券法制的基础性概念以及会在很多情形下产生问题的新股申购邀请与老股申购邀请。收录了《MSCB相关的法律和实务对应》(第六章),研究作为当前企业再生等情形中有效的资金筹措手段的MSCB。此外,收录了《证券分析师的监管——比较监事和信用评级机制》(第七章),讨论一个稍稍偏离了实务上的具体问题的话题,即近年来在国际上被积极讨论的对证券市场信息中介人的相关限制的动向。

本书涉及了相当广泛的与金融和证券交易相关的领域。虽然本书只讨论了其中的一部分问题,但如果能在本丛书的主旨下为读者提供些许帮助则不甚幸矣。文中如有不足之处皆为编者之误,务当于重编之日修改。本书之精要均来自于金融商品交易法和信托法修订颁布之时(皆为2007年9月30日)拨冗为本书提供宝贵见解的诸位著者。在此我们深表感激。

德冈卓树　野田博
2008年1月

第一章　真实转让论相关思路的整理

德冈卓树

　　真实转让论是一个在资产流动化案件实务中的课题。在此，我打算通过整理以往的讨论内容，提出一个关于真实转让的思路框架，来为今后的学术讨论抛砖引玉。

2　　　笔者是一名日常参与资产流动化业务的专业工作者，对于迄今为止发表的各类真实转让相关的研讨一直抱有疑惑。在此围绕房地产相关的真实转让理论简单列举一些自己疑惑的问题，以此为基础提供一个全新的思路框架。本文重点讨论房地产交易中的真实转让理论。笔者认为，转让后受让人以租赁给转让人的方式从转让人处获取租金收入的做法，与金钱债权相比，内生性地存在更为敏感的问题。①

　　下述情形会让转让的真实性成为一个实际要面对问题。当转让人被启动公司重整程序时，转让人与受让人（信托、特殊目的公司或其他SPC等）之间在合同上的转让是否应该被认定为真实的"转让"，还是应该被认定为"重整担保权的设定"。

　　在这种情况下，转让行为之所以会被怀疑不是真实的"转让"，而是广义的"转让担保"［包括典当性质的担保（一种在担保期间所有权发生了转移的特殊的担保形式）的情形。请注意在本文中，"转让担保"一词仅指广义上的转让担保］，主要有以下几方面背景。

　　①转让人从受让人那里租借并支付租金。名义上是供受让人偿付受让款融资贷款的利息（在某些情况下还包括提前偿还部分本金）。但该租金也可以被等同地视为受让人对转让人贷款债权的利息（在某些情况下还包括提前偿还部分本金）。

　　②再者，当聚焦受让人的受让款融资贷款这个问题时，我们经常会发现这样一种情况，即转让人往往会通过隐名合伙人出资或提

---

　　① 三国·后注。在房地产证券化的情况下"转让人作为承租人继续支付租金的做法对证券化商品的付息和偿付带来了很大的影响"。因此"其性质与租赁、信用债权或贷款债权证券化中的转让人完全不同"。需要换一个角度去讨论。

供优先出资等次级出资的方式，向受让人提供信用增级。

③有些情况下还会以转让人回购为前提。

一、判断真实转让时需要考虑的因素

关于判断转让行为数据"真实转让"还是"转让担保"的指标，迄今为止有过如下这些意见。

（一）从会计标准来看，在转让人的财务报表上是否被作为表外资产处理

"在会计上作为表外资产处理的，可认定为真实转让。"[2]这种意见在实务中经常被拿出来讨论。

作者感到在提出法律角度的理由时，专业工作者和学者的思维方式存在根本性差异。夸张地讲，学者倾向于将之视为一个逻辑问题，在对"理由"进行思考时，会着眼于这个理由能否证明结论的正当性。而专业工作者的倾向则是，诉讼中只要是有利的事实，不论其效力有多微弱，都可作为"理由"。为方便说明，本文暂且将前者称为"正当化理由"，后者称为"经验法则理由"。[3]

真实转让的讨论最早是在专业工作者中开展的，因此讨论总是

---

[2] 田中·后注（上）43、45页，后藤·后注（下）83页，樱井·后注82页，宗田·后注74页，小林·后注SFI会报27号22页，同·后注石川古稀426页，胜田·后注千叶271页，同·后注清和50页。

[3] 座谈会/从债权转让担保谈到债权买卖，后注62页（田中发言）、佐藤·后注报告书第432页以及胜田·后注千叶264、284页中也指出了类似的问题。

围绕经验法则理由展开的。其中"会计上的表外资产"能否成为理由的讨论正是两者差异的典型表现。不可否认的是，如果在会计上做表外资产处理的情形下被认定为真实转让的可能性很大，所以这可以视为一种"经验法则理由"。但是，会计判断标准和法律判断标准是完全不同的，因此该理由不能成为"正当化理由"。相信对此不会有人提出异议。④

（二）能否清晰界定被转让的资产

有一种意见认为，买卖中买方应该能够明确界定对象资产，从而确定自己的权利，这种界定性可以成为判断是否构成真实转让的一个要素。⑤由此可以认为，这也是种"经验法则理由"，但不能成为"正当化理由"。而且即便是转让担保，也几乎不会有界定不清晰的对象。这种"基于经验的概率"本身也很模糊。⑥

（三）第三者对抗要件是否完备

还有意见认为，转让人保留债权转让通知、交易合同的形式构成债权转让预约合同而不具备对抗要件的情形下，可以认定交易为转让担保。⑦这种观点认为，是交易不具备完整的第三方对抗要件

---

④ 濑川·后注100页，高见·后注128页，井上·后注SFI会报37号18页。

⑤ 田中·后注（上）43页，樱井·后注79页，胜田·后注千叶266页，同·后注清和46页。

⑥ 高见·后注127页中称："即便是担保关系，在当事人之间出现问题时还好说，在破产之类有其他债权人参与的情况下，为了主张属于担保关系还是需要和买卖时一样予以清晰界定。"井上·后注SFI会报37号18页中则提到近年来的倾向是通常不将界定清晰程度的问题纳入考虑的范围之内。

⑦ 堀=山川·后注18页，田中·后注（上）43、44页，座谈会/从债权转让担保谈到债权买卖·后注85页（小林发言），樱井·后注79页，小林·后注SFI会报27号22页，同·后注石川古稀426页，胜田·后注千叶267页，同·后注清和47页。

时，"应该"不是真实转让而是转让担保。但这不仅不构成"正当化理由"，甚至作为"经验法则理由"也站不住脚。即便是转让担保，只要不具备对抗要件，那么也一样无法对抗重整程序的财产管理人。因此，这个问题和真实转让的讨论不在一个维度上。[8]

（四）资产价值与转让对价是否对等（后者对价金额更小）

在真实转让的情形中从经济合理性的角度来看资产价值和转让代价"应当"是相互对等的，相反如果是转让担保则从经济合理性的角度考虑两者无须对等。[9]由此可见，这是一种"经验法则理由"。

特别从事后来看，当事方之间签订买卖合同的同时也签订了回售回购预约合同，且在行使预约履行权之前标的物的风险归属不清晰的话，就要考虑两份合同共同构成转让担保合同，还是构成真实买卖合同与回售回购预约合同这两个独立的合同。在这个判断中，本段标题的见解将会成为一个重要的依据。

然而，即便资产价值和转让代价保持对等但回购价格是转让价格的话，原则上仍将被视为转让担保。[10]因此，这个思路也无法作

---

[8] 高见・后注128、133。井上・后注SFI会报37号18页中提到，近年来的倾向是通常不将界定清晰程度的问题纳入考虑的范围之内。

[9] 堀＝山川・后注19页（关于转让超出买卖价款金额的债权时的卖家的回购权），田中・后注（上）43页，樱井・后注80页，宗田・后注74页，小林・后注SFI会报27号22页，同・后注石川古稀426页，高见・后注128页，井上・后注SFI会报37号17页，胜田・后注千叶268页，同・后注清和47页。

参考后藤・后注（下）78页及其所引用的判例东京高判1976・9・29判时836号51页以及东京地判1989・8・24判时1385号70页。

小林・后注NBL37页指出："从经济实质上看……标的房地产的转让价格或租金与市场价格有无太大差距是一个最重要的指标。"

[10] 后藤・后注（下）79页。

为"正当化理由"来为真实转让背书。

（五）当事人的意思表达

当事人的意思表达为真实转让而非转让担保，则一般而言真实转让的可能性很高。这个思路可以认为是一种"经验法则理由"[11]，但不可能是"正当化理由"[12]。

就如同下文所述的典当性质的担保那样，即便合同上没有明示被担保的债权，在判定转让人有没有预约回购义务的这种例外情形时，当事人的意思表示确实是决定性的判断依据。但是，如果合同约定了受让人可以要求转让人以当初的转让价格回购时，即便当事人之间未做出以担保为目的的意思表达，考虑到与重整程序的财产管理人的关系，原则上（哪怕这是与个人之间的交易，而且从理论上可以在客观地认定交易属于试用买卖这种特殊的交易形态时）也很难认定其不是"转让担保"。所以考虑到与扣押债权人或重整程序的财产管理人等第三方之间的关系，只能基于客观标准而非当事人的主观标准进行认定。真实转让讨论的本质并不是针对"对抗要件"的讨论。但以转让和转让担保这两者的对抗要件没有区别为由，在与第三方（查封债权人或财产管理人）的关系中引入当事人

---

[11] 堀＝山川・后注17页，田中・后注（上）43页，后藤・后注（上）67页，同后注（下）82页，樱井・后注78页，小林・后注SFI会报27号22页，同・后注石川古稀425页（合同整体反映出来的当事人的合理的意思表达是最重要的要素也是决定性的要素。其他要素只是在研究中需要考虑的内容）。井上・后注SFI会报37号17页，胜françois后注千叶265页，同・后注清和46页。此外，高见・后注127页中的意见则是：原则上应重视当事人在合同中的意思表达，但考虑到SPC被合同的对方用作构建交易模式的容器或实现手段的特殊性质，此时是否尊重其意思表达值得商榷。

[12] 宗田・后注74页，山本（和）・后注金融法务45页。

的意思表达这个主观标准的思路与对法律体系中对抗要件制度的思考乃至其相关价值判断是无法并存的。[13]当事人的意思表达论似乎源自英美法律体系中的讨论，要在日本法律体系中引入当事人的意

---

[13] 山本·后注《金融法务》的45页中指出："通常而言合同当事人的意思表达决定合同的法律性质。但与当事人以外的第三人（破产债权人等）之间发生破产手续等利益关系上的问题时，即便当事人确定其合同的性质属于借贷，也不意味着破产手续中会予以认可。需要在破产手续中重新认定其性质（下文中租赁合同的例子中就有所反映）。在此过程中当事人的意思表达虽然也是重要的判断要素之一，但最终还是需要综合考虑合同在经济活动中的实际作用等其他要素予以确定。"

本文主要还是在考察与传统的常规的物权转移的思路有无矛盾的问题。讨论传统的物权转移问题时（1）主要围绕当事人双方意思的解释和表达方式来讨论当事人双方之间的效力问题［可参考石田穰的《意思主义和表示主义》第3卷（1983年）485页，矶村保的《法律行为的解释方法》法律人增刊《民法的争议点Ⅰ》（1985年）30页，四宫和夫＝能见善久的《民法总则》第6版（2002年）等］；（2）围绕对抗要件问题讨论与扣押债权人·财产管理人之间关系的问题。即是从（1）当事人之间的效力和（2）对第三方的效力两个角度在讨论。

但是①本文讨论的真实转让和转让担保的问题及②基于占有改定的代理占有中针对第三方的对抗要件问题上对应制度的不完善导致仅靠以上两个角度可能无法提供解决的思路。也就是说即使具备了形式上的对抗要件，对第三方而言除直观可视的登记注册的持有人或直接的占有者外，其他占有人的所有权很难明确知悉的。此时"以对抗要件对抗的内容应该回到依据当事人之间的合同解释的规则上来进行判断"的做法可能会对第三方造成意外打击［例如最判2006·10·20民集60卷8号3098页关于转让担保权利人的债权人对标的不动产的扣押问题的案例中认定了第三方未必知悉的当事人之间就偿付期达成的协议（含宽限的协议在内）对扣押债权人具备对外效力］。

这样考虑的话会发现会产生下面这种思路并不奇怪，即"不应回到当事人之间的合同解释的规则上判断，而是应该另外制定一个以对第三方的效力为基础的（以不对扣押债权人或财产管理人等造成意外打击的这样一种客观判断标准为前提的）规则"。当然这方面还没有深入的讨论，需要进一步的研究。

思表达这种外来概念还是有困难的。

在实务中，转让合同中经常会约定类似"转让人和受让人确认本次转让基于真实转让的意思表达"的条款（笔者也有时会订立这样的条款）。但是，像这样的条款在学者们眼里想必显得非常滑稽。[14]

（六）是否附带回购条件

这种意见认为，是否附带转让人回购标的物的权利（选择权）是一个重要的指标。[15]

当然，在转让人拥有选择权的情形属于转让担保，还是受让人拥有选择权的情形属于转让担保的问题上，意见也不统一。不过，一般情况下，多是对转让人拥有购买选择权的情形提出疑问[16]。在很多判例中，是将之认定为典当性质的担保，所以这种意见可以说是

---

[14] 宗田·后注74页。

[15] 堀＝山川·后注19页（就债权转让讨论有无偿还权以及偿还范围的问题），田中·后注（上）43、45页、座谈会/从债权转让担保谈到债权买卖·后注85页［小林发言］，后藤·后注（下）79页，宗田·后注74页，樱井·后注80、82页，小林·后注SFI会报27号22页，山本（和）·后注金融法务46页，井上·后注SFI会报37号18页，胜田·后注千叶268页。

胜田·后注清和48页从风险转移至买家的角度讨论了这个问题。伊藤·后注（下）86页则指出："简而言之于原始权益人能否通过形式回购权来实现对转让债权整体的支配效果可以作为一个标准。"

此外将"支配权"作为要素的观点可见宗田·后注73页。

[16] 田中·后注（上）43、45页，后藤·后注（下）79页，伊藤·后注（下）86页。

而山本（和）·后注《法律人》第69页还补充道："以SPC单方面的意思表示赋予原始权益人有以当初出售价格（+α）回购的义务时。"即受让人拥有选择权时可以认定为转让担保。

"经验法则理由"。但能不能作为"正当化理由"呢？这不能单看转让人是否拥有购买选择权，受后文所述各类因素的影响，还要看能否认定存在被担保的债权。

再者，或许是因为有大量典当性质的担保的案例在前，讨论往往聚焦于转让人拥有购买选择权的情形。但是受让人有选择权的情形难道不更有问题吗？关于这一点，稍后会详细讨论。

（七）信用增级的比例

这种意见认为：倘若转让人向受让人转让标的物后，转让人又为受让人提供信用增级且信用增级的比率较高时，那就不能称之为真实转让。⑰信用增级的做法中包含对受让人提供隐名出资人出资或次级贷款、受让人属于特殊目的公司时提供优先出资、受让人为信托受托者时获取次级信托受益权等方式。此外，也有推迟部分转让价款的支付，并让受让人的资金筹措优先于该部分支付条件的情形。

在专业工作者中，有部分声音认为"如果信用增级比例控制在

---

⑰ 座谈会/从债权转让担保谈到债权买卖·后注86页［小林发言］，小林·后注SFI会报27号22页，同·后注石川古稀18页，井上·后营SFI会报37号18页。另后注SFI会报33号24页［小野发言］中指出将20%—30%作为基准是因为这是"资本市场所要求的信用增级水平"。而井上·后注SFI会报37号19页中也指出通常的认识都是"按照目标评级对应的市场要求水平的最大限度予以决定"。

胜田·后注千叶270页则认为基于"近期的意见更倾向于：依据民法569条和570条等规定可以由债权的卖方承担担保责任，因此20%—30%未必一定是上限。与对象债权优劣所对应的回购率、资本市场要求水平的回购率完全可以认定为买卖"。这种认识，以部分保证为例就依据保证比例来区分是买卖还是担保的问题指出："这就需要分析其他要素进行综合判断。但相应的也就无法明确地予以区分。"

20%—30%，那么应该可以认定交易属于真实转让，一旦超过则应视为转让担保"或者"应控制在10%—15%"等等。但这个理由作为经济性理由还说得通，但却提供不了法律角度的明确论据。关于这一点，稍后会详细说明。

（八）存在被担保的债权

a.当转让行为被认定为转让担保而非真实转让，则必然存在转让担保的前提，即被担保的债权。⑱没有被担保的债权，则不可能是转让担保，这可以说是决定性的"正当化理由"。虽然也有对此持怀疑态度的意见，⑲但此类意见的依据并不那么明确。

b.典当性质的担保

我们回过来看一下与上述（六）（是否附带回购条件）相关的问题即在"典当性质的担保"情况下，也就是转让人可以行使购买选择权进行购回的情形，虽然形式上等同于不存在被担保债权，但

---

⑱ 后藤·后注（下）81页、山本（和）·后注金融法务47页（"在所谓资产流动化、证券化中由于当事人不认为自己的交易属于担保交易，所以也就不可能在合同上明示存在被担保债权。由此必须从合同的整体关系上来认定有没有被担保债权"），同·后注《法律人》69页，伊藤·后注（下）87页，樱井·后注82页。

⑲ 坂井·后注18页中提到："仅靠一句不存在担保债权就否定其具备担保的性质是非常令人不舒服的。"

小林·后注NBL中指出："越是强调在债权流通化中很难发现被担保债权，越是会让绝大多数的情形都看上去像是'真是买卖'。"

胜田·后注清和51页中指出"关键在于重整公司是否拥有实质性的所有权，而非是不是担保、有没有被担保的债权。"同时还认为："相比根据有无被担保债权来判断是或否的第二类观点（笔者注：以有无被担保权为中心的传统的判断标准），能更灵活地进行解释的第一类观点（笔者注：从美国的准则中学来的思路）更为合理。"

判例上广泛认为其实际性质是担保。[20]于是便有意见指出,即便在这种情况下,"只要是担保交易,就必定存在经济上的或实质上的被担保债权"。对此就如下文中指出的那样,必须依据"从本质上看被置于必须做出偿付的地位"来认定存在"隐藏的被担保债权"的情形。[21]

（x）赋予了低于市场价格的回购权；或者

（y）由于该资产（使用权乃至所有权）对转让人来说是必不可少的,导致转让人必须予以回购。[22]

在"典当性质的担保"相关判例中,我们挑选分析了数个对

---

[20] 东京地判1970・5・25判时617号68页,东京地判1974・7・22判时763号56页,东京高级法院1976・9・29判时836号51页,东京地判1981・5・25判时1022号77页,东京地判1990・8・24判时1385号70页等［参考后藤・后注（下）78页的分析］。

田中・后注（上）45页：在讨论这个问题的时候最高法院的判例展现了这样一种思路。"没有被担保债权时"属于典当性质的担保；"有被担保债权时"属于（狭义的）转让担保。于是即便在"没有被担保债权时"根据有没有约定"卖家偿付买家支付给卖家的款项的,则买家将标的物归还给卖家"之类的回购条款来判断交易属于典当性质的担保还是真实转让。其依据是"该约定的存在可以推断出当事人的目的在于担保"。

[21] 山本・后注38页。

[22] 田中・后注（上）46页中更广义的支出：以"买家能获得的利益是（a）有机会以'比实际价值更低的价格'全盘购入'获取所有权'"为前提"（b）当卖家认为该标的物'本身'仍具有回购的价值时,就可以在心理上强制卖家在回购日前以原价回购"。"有希望能达成这种效果时交易才具有'担保'的性质。反过来讲（a'）价格和标的物的对价相对等且（b'）卖家又不认为标的物有回购的价值时,就不能推断交易具有担保的性质。不具备（b）中这种在心理上对履行予以强制的交易行为谈不上是担保。如此一来区别典当形式的担保和买卖的标准可以有两个。一是该标的物与买卖金额在对价上是否对等。二是有没有约定可以在心理上对履行金钱支付予以强制的以全部取回标的物为目的的回购条款"。

"典当性质的担保"的认定成为左右判决结果重要争议点的案例[23]后,发现这些判例都是为了推导出清算义务的效果,而做出典当性质的担保的认定。既然有清算义务,那么必须存在其前提,即一定金额的被担保债权。

(九)受让人的处分权不受转让人状态影响

"担保权人不能在债务者陷入债务违约之前处置标的物,是担保权的自然属性。""既然只是担保,那么标的物的实质所有权应归属于转让人(债务人),受让人(债权人)不得在债务人陷入债务违约而产生变卖权之前擅自处置标的物,而使债务人丧失回收权。"由此可见,不论转让人和受让人之间有怎样的交易(租赁等),不论转让人处于何种情况之下,受让人都能处理标的物的话,也可以证明所有权转移给了受让人。这种情形可以作为判定是真实转让而非转让担保的理由。[24] 我认为,这是精准地把握了所有权本质特征的一个决定性的"正当化理由"。

在市场上大范围开展的各类资产流动化业务中,几乎都约定了即除通过举债偿还以外还有通过处置资产来筹措资金的偿还手段。上述意见的提出基本解决了这些资产流动化业务是否为真实转让的疑问。该意见提出之前,关于真实转让问题的讨论一直没

---

[23] 参见前注(注20)。对此静冈地方富士支院1988·6·4判例Times 683号206页,东京高判1988·7·25金法1244号32页,福冈高判1988·10·30判例Times 713号181页及东京高裁1998·7·29判例Times 1042号156页,均只围绕附回购的买卖期限是否到期或有没有需清算的资金在进行讨论。

[24] 山本(和)·后注金融法务47页,山本(和)·后注《法律人》70页。而山本(和)·后注金融法务46页中指出:"狭义的转让担保的构成要素可以概括为以下三点:①存在担保债权;②担保标的物在债务违约时可以予以处分以及债务违约前不得予以处分的补充性质;③担保设定人的回购权。"

有定论。甚至还有人以此来对重整程序的财产管理人的报酬进行压价。而这个论调一经提出就成为了终结实务中百家争鸣状态的一个重要意见。[25]

当然即便受让人具有处理权限，如果转让人能以某种形式拥有购买的优先交涉权，仍需要检查有无被担保债权的存在。这将在后面介绍。

（十）当事人的风险承担

a.这里还有种比较罕见的意见，即如果资产因不可抗力而丧失的风险也从转让人转移至受让人时，原则上可以认为该交易是真实转让。联系汇票贴现相关讨论及典当性质的担保的情形来考虑，这仅仅是个应考量的要素（本文中所说的"经验法则理由"）而非决定性的因素（本文中所说的"正当化理由"）。[26]即汇票贴现时，汇票债务人风险仍留在转让人（汇票贴现委托人）处而非受让人（银行）处，但交易实际被解释为汇票销售（即真实转让）而非消费借贷。由此认为资产风险的转移并不能被视为决定性因素。

b.承担资产的风险等于存在被担保的债权

然而，笔者出于以下思考认为，"资产风险的转移"与"被担保的债权"是表里一体的两个现象。"资产风险的转移"与"被担保的债权"给我一种"等价"的印象。

b-（1）举例来说，假设在以下情况中交易的真实转让的性质会遭到否定。

---

[25] 笔者认为，山本和彦论文和伊藤论文为资产流动市场带来的稳定性效应不可估量。如果没有这些论文日本的资产流动化市场早已衰退。

[26] 宗田·后注72页（承担无法回收债权的风险。同时还提及了转让人是否保留了原债权所产生的利益的问题）、山本（和）·后注金融法务45页。

①转让人将土地房屋的所有权转让给受让人,并设定固定的租期由受让人回租给转让人收取租金。且此时租金总额与转让价款大致相当。㉗

㉗ （1）该假设是参考Mycal事件设定极端情况的,但是在濑户英雄著《案例研究Mycal》企业再生研究机构编《重整计划的实务和理论》（2004年）467页以下及480页中提到：对于"以长期的租赁予以束缚,以一定期间后无法实现再融资为前提,通过设定高额'租金'并以其总额来添补不动产转让价格的结构"的情形"不能认定为持有的房地产被出售,实体性的所有权被完全转移"而"在形式上即便是信托转让或信托受益权转让,其经济实质仍是Mycal以自己的资产为担保进行资金筹措的还贷约定而已。也就是说这只是在重整企业的资产上设定了担保权的融资交易,在重整程序中应该作为重整担保权来处理"。

但与本文的设定不同,该主张存在致命的缺陷。不仅是以租金来添补不动产转让价格的结构这部分完全属于事实认定有误,而且对于资产风险的问题以及对于租金延误即便以此解除合同也无法回收剩余债务的部分完全没有进行讨论。

（2）（a）针对上述案件发表的山本（克）·后注中主张如下。重整担保权的认定要有以下三点①原始权益人的资金筹措偿付义务（存在被担保债务）；②确定在无法履行偿付义务时资产将变卖给第三方冲抵债务（担保）以及③上述要件而②附属在要件①以下（附属性）。

然后将此套用到Mycal事件上,即①SPC作为信托受益人以信托受益权买卖价款的形式向原始权益人（为作为贷款人的信托受托人）垫付贷款金额；②原始权益人作为租赁人在15年的不可解约期内以租金的形式向信托受托人支付本金利息；③对于该项以信托受益权为形式的垫付款SPC持有对信托银行的求偿权。

（b）然而新堂·后注中指出即便符合上述基本结构①由于租赁总额未确定,所以即便确定了被担保债权也无法确定总金额,不仅如此在被担保债权确定的情况下,在余额未结清的情况下仅需支付中途解约金即可结束租赁；②资产一旦无法使用则租赁人的租金支付义务也随之消失；③原始权益人即没有回购资产的义务也没有回购权；④即便原始权益人没有租金违约信托受托人和受益人也可以出售信托不动产,不具备担保的附属性［山本（和）·后注金融法务48页以下也有同样的意见］。在此基础上得出了以下的结论："山本（克己）意见书之所以会得出这个错误结论是因为Mycal的财产管理人不仅没有向山本（克己）教授披露正确的信息,相反还披露了错误的信息（参考小林·后注NBL41页）。"

（转下页）

第一章　真实转让论相关思路的整理

②之后由于市场价格下跌，土地房屋的价值大幅下跌，或者由于火灾、地震等不可抗力导致建筑物倒塌（而且保险无法全额弥补时）（以下合称"资产风险"）。结果导致仅凭处分该土地房屋也无法收回转让价款（顺便提一下，如果建筑物因地震倒塌，租金收入也会中断）。

③最后转让人启动公司重整手续，未履行部分的租赁期期间的租金总额被视作被担保债权，由此该转让被认定为转让担保而非真实转让。

b-（2）假定上文的情况中，受让人作为债权人拥有对转让人

（接上页）Mycal事件中不管山本克己意见书中是如何说明的其租金水平低于市场水平。而且对象资产在租赁期间的使用权对Mycal而言是不可或缺的，但资产的所有权却并不是不可或缺的。

（3）加藤＝上田·后注则主张在该长期一揽子租赁合同中包含的部分条款通常不会在租赁合同中约定。比如：长期的禁止解约期；依据SPC的资金筹措成本决定租金金额；相当于48个月租金的高额违约金等。

然而上述部分意见随着定期房屋租借权制度的订立而失去了相应的论据。且如上文中新堂·后注中所述，没有考虑到资产无法使用后租借人支付租金的义务随之消失的问题（也就是本文所说的资产风险）。

坂井·后注18页中对于加藤＝上田·后注指出："既然基于长期一揽子租赁合同的现金流是ABS的偿付的资金源，那么为了稳定现金流上述这类约定的安排也谈不上很特殊。"当然如新堂·后注中所述，该事件中租金并不能填补ABS的本金偿还。

（4）伊藤·后注（下）89页、87页中对于山本（克己）意见书指出："SPV对原始权益人的债权仅仅只是每期租金债权，即便每期租金债权未得到偿付，SPV也没有权利要求赔偿整个租赁期的全部租金。由此可见这种重构有违公平原则。正如融资租赁部分论述的那样，只有当债权人拥有要求一次性偿还债权全额的权能时，其权利才会构成被担保债权、对象财产才会构成担保标的物。这样才符合公平原则。"［山本（和）·后注金融法务51页起也表达了相同意见］

"附带转让担保的债权"。回溯到公司启动重整手续前,此时"附带转让担保的债权"又是怎样一个状态呢?

①通常的转让担保

如果是通常的附带担保的债权,即便担保资产的价值下跌也不会影响债权额。不论担保资产价值的涨跌,转让人(债务人)应该不仅要支付该债权的利息,还要全额偿付该债权的本金。

于是呈现如下这种样一种结构:(1)受让人(债权人)(公司重整以外的情形下在资产风险的范围内对担保物)承担转让人(债务人)的信用风险;(2)转让人(债务人)继续承担资产风险。

②通常的转让

相反,如果是通常的资产转让,即便转让人(债务人)启动了公司再生手续(只要该转让本身没有被否认),资产的所有权也不会受到影响。

于是呈现如下这样一种结构:(1)受让人(相当于债权人)担负资产风险,但不承担转让人(相当于债务人)的信用风险;(2)转让人(相当于债务人)在转让后再也不承担资产风险。

③如果上述案例的真实转让的性质被否认时

上述案例如果没有被认定为真实转让而被认定为"附带转让担保的债权",又会怎样呢?

受让人(债权人)在本金偿还期限到期时,即便转让人(债务人)未被启动公司重整程序,也已经承担了资产风险。也就是说,资产风险已经转移到受让人处。[另外关于租金。由于是转让人(租赁人)支付给受让人的,所以从经济角度出发可以认为它相当于利息(以及在特定情况下部分本金的提前偿还)。因此也可以认为，利息（以及在特定情况下部分本金的提前偿还）所涉及部分的资产风险未被转移。然而资产价值仅下跌的情形另说，建筑物一旦崩塌则租金收入也随之中断，不仅要承担本金的风险还要承担收益的风险。]

具体来说就是：（1）由于受让人（债权人）承担了资产风险，导致即便当对象资产的价值因市场价格下滑而大幅下跌或者资产在地震中倒塌时，也只能从资产中收回相当于转让价格的金额。另一方面由于交易的前提中没有被担保的债权，因此无法从转让人（债务人）处回收相当于转让价格的金额。万一此时转让人（债务人）被启动公司重整程序且交易的真实转让的性质被否定，此时甚至还要承担转让人（债务人）的信用风险。这样一来受让人（债权人）最终会合并承担（X）资产风险和（y）转让人（债务人）的信用风险（即承担两者中损失更大的风险所带来的损失）。因此此类交易的真实转让的性质一旦被否定则意味着该交易将被认定为（债权的提记仅限于该资产价值的角度来讲的）附带限定责任财产特别协议的信贷（对公司债券和贷款的投资人而言实际上就是针对转让人的附带限定责任财产特别协议的公司债券和贷款）。相对的（2）转让人（债务人）在没有承担资产风险的同时被启动公司重整再生程序后还可以收回对象资产，等于默认了转让人（债务人）"双收其利"。这种情况不该被允许发生。（顺便说一下，当铺的质权也是一种提供附带限定责任财产特别协议的信贷，但从社会的角度来看，质权设定人不太可能被启动公司重整手续。）

换个角度来看会发现"资产风险已转移到受让人处"即意味着（上述可以被认定为附带限定责任财产特别协议信贷的特

16

殊情形除外）"不被认定存在被担保债权"。由此可推导出"资产风险的转移"和"被担保债权的存在"实际上是一种互为表里的"等价"关系。（当然作为反例的汇票贴现的情形在后文中描述）

这样一看，租赁期间（与金融租赁不同）内如果对象倒塌无法请求租金且该租赁期不具备要求支付与转让价款相当金额的依据时，应当承认交易的真实转让的性质。即便面对一个拥有完整方案可以通过定期租赁期间的租金总额收回与本金相当的金额的情况下，只要在租赁期满前受让人承担了资产因地震倒塌的风险，且与超出一定租金部分的本金债权相当金额的请求权不因租金违约而得到支持时，也是一样的。

b-（3）从这样的观点来审视上述讨论我们会发现正因为资产风险转移时并没有发生与针对转让人的本金请求权（与转让代价相当金额的偿还请求权）相当的权利（即被担保债权），自然而然的（i）在买卖合同中对被转让的资产的界定必然不会变得模糊；（ii）第三人对抗要件也必然完善；（iii）转让的资产价值和转让对价自然也是对等的；（iv）如果附带以转让价格为回购价格的转让人回购义务则资产风险自然会回到转让人处，为此当然不能认定为真实转让。将这种认为"被担保债权"与"资产风险的转移"表里互补的思路作为"正当化理由"来推导，必然会得出前文那些"经验法则理由"。这可以帮助我们更深入地了解之所以能推导出那些经验法则理由的根本原因。进一步来说我们还可以归纳如下：即受让人可以不受转让人状态的影响自由处置资产这一"正当化理由"也正是从资产风险转移到受让人的现象中推导

出来的。㉘

b-（4）当然对于上述的资产风险的设论，如果出现下文中这种转让人向受让人提供次级出资等信用增级措施的情形，那么资产风险全部就不能算完全转移至受让人处，从而会导致界线不明确的争论。但转让人这种通过信用增级措施间接承担资产风险的情形，更像是以受让人的信用风险为中介提供"经济上"的承担，并不能以此来认定其在"法律上"承担了资产风险（同样，转让人通过信用增级措施享受到资产升值带来的收益时，也只是以受让人信用风险为中介享受"经济上"的升值收益，并不能以此来认定"法律上"升值收益归转让人所有）。

这正好和掉期对家（而非转让人）因与房地产价值挂钩的资产互换手法替受让人承担特定的房地产资产风险（并享受升值利益）的情况一样，此时（i）该受让人仅仅是以掉期对家的信用风险为中介分散了资产风险（及升值收益），不能将此解释为受让人摆脱了房地产的资产风险；（ii）掉期对家也不会因为承担了资产风险享受了升值收益而被认为拥有了该房地产。

㉘ 佐藤·后注报告书436页也提出了同样的问题。
债权转让的问题先放一边，不动产转让时不仅要考虑风险的转移还要考虑经济利益（升值收益）的转移。但在很多涉及真实转让问题的资产流动化案例中都采取受让人的资本部分由转让人持有，经济利益（升值收益）归转让人的模式。在此经济利益问题并不明显，本文也就不对此进行讨论。当然这种转让人不持有资本部分的情形中有必要考虑经济利益（升值收益）的转移。

二、对讨论框架的试论

（一）附带回购条件时

联系上文我认为即便转让人能够实现某种形式上的所谓的回购（本文中的回购并不仅限于民法第579条以下的回购，而是采用了包括再售卖预约在内的广义的回购），只要围绕资产的风险来进行讨论还是能够对事实进行整理的。在此不仅限于房地产的转让，把通常的债权转让也纳入讨论的范围内，以此进一步阐述上文观点。

举一个典型的例子。假设这样一种情形，即在债权转让中除债权买卖交易外转让人还就债务人应偿付的债务提供了保证。此时在形式上单纯只是在第一阶段的交易对象即目标债权（资产）的买卖交易得以实施的前提下第二阶段中的保证交易得以实施。要认定这是转让担保的话，就必须主张并成功证明第一阶段的买卖和第二阶段的保证是一个整体。这样一来又会导致如下的争论：在债权转让中债务人的信用风险（相当于房地产的资产风险）最终未被转移时：（A）第一阶段的交易和第二阶段的交易应被视为一个整体的交易，从而整体否定交易作为真实转让的性质；还是（B）仍应将第一阶段的交易和第二阶段的交易视为两个相互独立的交易，由此承认第一阶段的交易作为真实转让的性质。而且（A）和（B）之间的差异极其微小，需要进行细致的甄别。

前文所述的"正当化理由"在上述情形中发挥不了作用，反而是前文中提到的判别真实性的指标即"经验法则理由"在这里发挥了其作为有效判断材料的作用。

下文中我就以附带回购条款的情形为前提，对上述思路的框架提一些不成熟的想法。

a.购回价格与转让价格相同时

a-（1）转让人一方的回购请求权

首先思考一下转让方拥有回购选择权的情形。这也适用于典当性质的担保的情形。

①原则

此时如果回购权在转让人手中而不在受让人手中［也就是转让人可以通过行使回购权回购资产（或转让的债权）］的情况下，可以预见转让人在面临资产价值下跌或因地震倒塌（如果是债权转让则是债务人的信用恶化或破产）的时候会选择不行使回购权。此时即便将第一阶段（买卖合同）和第二阶段（回购合同）视为一个整体，原则上也不能视其为广义上的转让担保（典当性质的担保）。因为只要转让人不行使回购权，那么受让人在受让节点时所支付的与转让对价相当的金额将不会被偿付，无法以此假定受让人对转让人持有被担保的债权。

②例外（典当性质的担保）

（1）当然即便转让人单方面拥有回购权还是会有例外。预先确定了受让人在受让的节点时所支付的与转让对价相当的金额会在一定的期间内得到偿付（即被认定存在上文所述的"隐藏的被担保债权"）时，则可以将第一阶段和第二阶段作为一个整体认定存在作为被担保债权的"与贷款金额相当的债权"，也就是广义上的转让

担保（典当性质的担保）。㉙

在这种情况下，如按照合同文本去解释转让人的回购权时会发现下文这种情况。正常情况下如果不行使回购权，则受让人将得不到对被担保债务的金钱偿付。这在形式上与不同于通常的附担保的贷款债权。尽管如此，基于下述原因如果能在"经验法则理由"的推导下认定存在"隐藏的被担保债权"㉚，则可以视作特殊的情形，

㉙ 后藤·后注（下）79、82页，山本（和）·后注《法律人》69页。山本（和）·后注金融法务48页中主张典当性质的担保中"既然是担保交易就不可能不存在经济或实质上的被担保债权，为此需要研究能否确认存在'隐藏的被担保债权'"。

道垣内宏人《担保物权法》（第3版、2008年）297页提到最高裁判所在将典当性质的担保与狭义的转让担保相区分后认为其不存在被担保债权。"1955年的判决是最后一次在判决文件中积极使用'典当性质的担保'这个词汇。"并主张以此为前提，在之后狭义的转让担保理论发展的基础上"应将两者一并作为'转让担保'处理"。参照伊藤英树《不需要"典当性质的担保"这个概念吗》中民法的争议点（新版）、1985年）178页、高木多喜男《担保物权法》（第4版、2005年）第331页。

基于该倾向最判2006·2·7民集60卷2号480页中提出以下意见："即便采取附带回购买卖合同的形式，只要签订合同的目的是将标的不动产作为某个债权的担保，则应当认定为转让担保合同。"

㉚ 山本（和）·后注金融法律48、49页，平井一雄"关于对担保标的的回购问题的思考"独协大学法学部创立25周年纪念论文集（1992年）156页。

过去有学说认为，典当性质的担保中的债权人实际是属于放弃了行使隐藏的债权的权利，因此目标物遭受不可抗力而消灭后也就无法要求退还价款（《座谈会/代物偿付预约10》判例Times 266号（1971年）46页以下《（七）典当性质的担保中的风险负担》堀内仁、吉原省三、玉田弘毅、濑户正二、山本进一等的发言。反方伊藤秀朗、山本和敏等的发言）。从讨论的前后文来看主要还是主张对于高利贷应该将之认定为附带责任财产限定条款的授信行为。山本进一的发言（48页）中指出："实际中该被担保债权只以该担保标的物进行清算……有时会出现这种以双方的密切关系为前提的将消费借贷合同与转让担保合同合二为一的合同形式。"铃木禄弥《物权法讲义》（第5版）第395页中也认为，在属于某种附带回购的买卖这点上与当铺的职权类同（均是以质权人没有清算义务为回报）。

第一章 真实转让论相关思路的整理

作为例外将之认定为广义上的转让担保。

（x）被赋予了低于回购时市场价格的回购权时；或者

（y）该资产（如果是房地产则不仅限于其使用权还包括其所有权）对转让人是不可或缺的，其交易地位令其不得不行使回购权时。[31]

---

[31] 三国·后注中也有类似的主旨的表述："如果迫使转让人在回购和提高租金中二选一的话，还能断定转让人没有还款义务吗？"

高见·后注129页从公司重整法的角度出发："公司重整法中限制担保权人行权的原因在于……担保权一旦被行使，则维持企业价值进行重整的工作将会变得非常困难。……组成企业价值的一体化的资产成为担保标的后，担保权人会在容许该资产作为一个整体资源运用到事业经营之中的同时设法回收自己的债权，为此公司应该在经济上陷入困境时，为维持企业价值进行公司重整时提供相应的协助。……即便是担保权人……通常在从自己的债务人公司回收授信时基本都会以债务人公司持续经营产生的收入作为资金源，所以在债务人公司陷入困境时也应为其重建工作承担相应的负担……由此可见以现行的公司重整法为前提将资产转让认定为公司重整法上的担保并将此作为一个助力来帮助公司维持企业价值的同时进行的公司重整的做法有其正当性。"同时也指出："在这个问题上以资产流动化和证券化为目的的资产转让基本上是以资产本身具有的客观价值为前提的一种交易模式，并不以资产的原持有人公司持续性经营带来的收入为前提。而此时转让资产并不是组成企业价值的一个有机的整体。当资产转让的模式在形式上和实质上都排除了企业经营业务的贡献度和参与性时，原持有人在经济上陷入困境需要开始公司重整的情形下，在公司重整法的角度上来看不应将这些资产的受让人作为担保权人来对待。"

同时，最判2006·2·7民集60卷2号480页也指出："如果是真实的付回购条款买卖合同，则通常会伴随对标的不动产的占有从卖家转向买家……即便采取了付回购条款买卖合同的形式，标的物的占有不产生转移的合同，除有特殊情况外，可以推定为以债权担保为目的的合同，其性质应该解释为转让担保合同。"那么占有不产生转移的原因如果是另行签订了租赁合同，且买家拥有不受卖家的情况所左右的处分权的话，应该可以认为属于有"特殊情况"。（该判决中由于不存在租赁合同所以未被认定有特殊情况。且①签订付回购条款买卖合同的主要动机是为了回收另一个贷款合同的利息；②回购权的对价又与利息相当。由此事实认定中认定回购价格实际高于转让价格。）即便如此要主张属于转让担保的话，除认定（转让人支付）的租金实际上与利息相当的同时，还应对上文（x）或（y）等事实予以举证。

在这些情况的基础上我们还需要进行以下的认定（最终还包括针对在实际案件中是否会带来类似的效果进行认定的价值判断）：（x）是否存在相当于在被担保债权的本金偿付期限的安排，以应对可能发生延误付息的情形；（y）能否认定转让人对于不足部分的差额也承担支付义务；（z）反过来讲资产价值超出被担保债权金额时有没有清算义务等。㉜

（2）在这种情况下，如果转让人没有行使回购权（认定转让人本身负有对被担保债务金额有积极的支付义务等特殊情况除外），那么受让人最终将无法获得对被担保债权本身的偿还，这一点不同于通常的担保贷款债权。此时仅转让人拥有回购权的情形可以认为其等同于（由于该权利未被行使）以资产（或转让债权）向受让人提供以物代偿的附带（被动）选择权的交易关系。

（3）从这样的角度来看"（转让人行使）回购权可以类比于在偿还债务后取回抵押物的权利（收回权）"。但不能以此简单地联系

㉜ 伊藤秀郎《典当性质的担保的剩余的问题点》判例Times 246号（1970年）第8起及11页中以"买卖合同成立并完成买卖相关的所有权转移登记后，买卖是否属于典当性质的担保的举证责任由卖方（债务人）承担。其要件事实无非就是买家和卖家都以附带再买卖预约的买卖作为授信的手段"为前提并提出以下这些应举证的间接实施（i）卖方：融资意向、买卖价款低于签约时标的物的市价、买方获取标的物的需求性低、卖方在短期内将标的物所有权转移给购买方的合理理由；（ii）卖方：买卖价款与签约时标的物市价是否对等、买卖价款不对等时的合理性理由、长期的预约期、包含了回购金额在预约期内的升值等情况的合理性约定等。生熊长幸在《回购、再买卖预约的功能和效用》《担保法体系第4卷》（1985年）第446页起及475页中指出"不以担保为目的的情形非常少见"，所以"通常情况下应该认定为以债权担保为目的的行为。由此可以证明存在附带的回购条款或再买卖条款。如果主张其目的不是以确保履行合同条款为目的时，反而需要买方积极举证该买卖合同不以担保为目的"。

成"即便没有其他间接事实来直接体现存在债务关系,也会被认定存在被担保的债权"[33]。只能基于经验法则对有无上文所述的特殊情况进行判断(甚至于价值判断)后才能得出结论。[34]

(4)然而正如上文所述,是否构成典当性质的担保的判断成为影响结论的争议点的案例,往往都是在以下问题上存在争议的案件。即认定存在作为典当性质的担保前提的被担保债权后,由此来推导转让人收回资产的权利和受让人(担保权人)对资产价值中超出被担保债权部分金额进行清算的义务等法律效果,进而判断能否以此救济转让人的权利。[35]

在这里对真实转让讨论的焦点在于,如果认定存在作为典当性质的担保的前提的被担保的债权,则会推导出这样一种法律效果,即受让人不仅失去所有权(或受让债权)被担保的债权也变成了重整程序中的债权。这与上文中讨论的利害关系不同。

因此只要基于同一的事实关系,清算义务的问题和重整程序下的担保权的问题虽然理应根据同一标准进行解释,但问题实际发生时根据案件是属于清算义务还是重整程序下的担保权以及相关具体情况,法官对于第一阶段和第二阶段应该是一个整体还是两个个体、具体的被担保债权是否存在等问题,未必能做出相同的事实认定(甚至于价值判断)。

---

[33] 后藤·后注78、79页中对现有判例的理解。

[34] 山本(和)·后注《法律人》70页中指出:"后藤学说和伊藤学说都认为回购权的存在决定了担保的性质。就我个人的看法而言回购权是充分条件而非必要条件(即便有回购权,在没有回购义务或回购价格不够低廉时是难以认定其担保性的)。"

[35] 胜田·后注清和51页也从不同角度指出了利益情况的区别。

a-（2）受让人的回售请求权

①原则

相反，如果回购的选择权在受让人一方时（即受让人一旦行使回售权则转让人即承担回购资产（或转让债权）的义务），其结果就是即便发生资产价值下跌或因地震倒塌的情形，受让人的权利行使仍会使转让人必须支付受让人与转让对价相当的金额。原则上应该属于狭义的转让担保。[36]

此时如果受让人不行使回售权则转让人最终将无法回收担保物这与通常的附担保贷款债权不同。这种情况我们可以做这样的整理，即受让人单方面的回售权等同于附带（因不行使该权利）让受让人拥有可以购入该资产（或受让债权）的（消极的）选择权的附担保债权的交易关系。

②例外（汇票贴现）

当然汇票交易的情形在此属于例外。可以发现考虑到银行的实际情况判例上的认定都是第一阶段和第二阶段是相互独立的两个部分。

（1）对于上文中那种将当事人之间的资产风险（在汇票的情况下是债务人风险）的负担作为决定性的判断基准的分析，汇票贴现的例子则是一个有力的质疑。[37]通常的认识以及判例都显示这样一种观点，即在汇票贴现中尽管银行作为汇票贴现人（受让人）拥有回购请求权但汇票贴现仍是买卖（真实转让）而不是以汇票做担保的消费贷款。因此尽管在汇票贴现中作为汇票的贴现人及受让人的

---

[36] 山本（和）·后注《法律人》69页。

[37] 山本（和）·后注金融法务45页。

银行对贴现委托人（转让人）拥有回购请求权且债务人的信用风险也未转移给受让人（银行），依旧可以认定汇票作为"买卖"具有真实转让的性质。[38]

（2）然而，我们也能这样分析："如将汇票贴现解释为汇票买卖，那么汇票贴现后即便前主债务人（汇票的出具人）或贴现委托人（直接的背书人）的信用在到期前恶化，银行对贴现委托人也不具备任何请求权，所以需要特别协议来获取汇票的回购请求权。交易中处于优势地位的银行的需求能够得到支持。"[39]也就是说（A）如将第一阶段的购买交易和第二阶段的回售交易视为一个整体，则由于受让人（银行）没有负担"资产风险"（汇票的出票人债务违约的风险），所以确实应该把这一整套交易认定为转让担保。但是（B）作为例外银行根据其交易习惯存在特殊情况，所以（x）第二阶段的回购请求的交易是与第一阶段交易相独立的；并且（y）第二阶段的回购交易中即便在汇票拒付的情况下受让人（银行）的回售请求在合同上仍被认定是有效的。

---

[38]　高见·后注128页则指出："关于转让问题如相应的部分附带回购条件，则由原持有人承担因被转让债权的债务人缺乏资金而导致的债务违约风险，这等同于卖家对被转让债权所对应的债务人今后的资金能力提供的担保（民法569条2款）。由此从民法的角度来看的话完全可以将对SPC的资产转让认定为买卖。"座谈会/从债权转让担保谈到债权买卖·后注76页［小野讲话］、樱井·后注81页。

但该问题往往不是从民法的角度而是从公司重整法的角度出发讨论是属于买卖还是属于广义的转让担保。当然与不动产的转让不同，汇票交易方面由于允许求偿且存在民法569条2款的相关规定，可能会影响到关于债券的真实转让性质的讨论，特别是第一阶段和第二阶段是否该视为一个整体的讨论。

[39]　关俊彦《金融汇票支票》（新版、2003年）307页。

如果这样分析就可以认为这与上文中以资产风险的转移为核心的思路并不矛盾。

实际上判例也显示，如果受让人不是银行的话，则会被认定为消费借贷而非汇票的买卖。⑩也就是说在没有银行的交易习惯也就是本文中说的特殊情形的情况下，本文的论点可以得到清晰的整理。

b. 回购价格是一个与转让价格不同的固定金额时

前文a描述的情况不同，当回购价格不同于转让价格而且是一个事先确定（按某个方法计算得出等）的固定金额时又会怎样？即便在这种情况下如果能够认定截至回购之日转让价格和回购价格之间的差额已经通过（租金等）其他经济条件予以消化，那么根据选择权的归属可以进行和前文同样的分析。

c. 回购价格是回购时的市场价格

对此我认为如果回购价格是根据回购节点时的市价，即便受让人拥有回售的选择权，也很难像上文（b）中所述的那样去认定截至回购之日的差额已经被（租金等）其他经济条件予以消化。而且由于还可能存在资产因地震而失去价值的情形，所以很难认定为转

---

⑩　后藤·后注（下）77页中指出："对于没有银行参与的汇票贴现交易，考虑到每笔交易各自的特殊情况，很少有判例认定贴现人与贴现委托人之间存在消费借款合同并将视作以汇票担保为目的的消费借贷。"引用判例有：名古屋高判1957·1·30判决1042号24页，高判1966·3·15民事20卷3号417页（涉及抵冲问题的案例），东京地判1971·3·31判时666号86页，东京地判1981·5·28判例Times 465号148页，东京地判1983·5·17判时1095号125页（均认定为汇票贷款而非汇票贴现），名古屋地判1956·6·30下民事7卷6号1731页，福冈高判1964·5·19金法385号2页。

第一章　真实转让论相关思路的整理

让担保。[41]在这种情况下可以认定无论选择权在哪一方，在第一阶段交易中真实的买卖得以成立，所有权（或转让债权）转移给了受让人后，第二阶段作为独立的交易（1）如果受让人拥有选择权则应认定受让人将其拥有的资产在将来一定的期间内按当时的市场价格回售给受让人的这种买卖预约交易是成立的；（2）如果转让人拥有选择权则应认定转让人可以在将来一定的期间内按当时的市场价格进行回购的买卖预约交易是成立的。

（二）转让人提供次级信用增级时

那么如上所述，转让人通过次级贷款、隐名合伙人出资、优先出资等次级出资形式提供信用增级时会怎样？此时以次级出资提供的信用增级，有时是以延后支付部分转让对价的方式实现的。

a.资产风险的转移

此时与转让人的次级信用增级部分相当的金额所覆盖的资产风险（或转让债权中债务人的信用风险）确实并没有转移给公司债券或借贷等债务投资人。但如发生了超出这部分的资产风险（或转让债权中债务人的信用风险），那些风险还是转移到公司债券或借贷等债务投资人处。

次级信用增级的比例越高则公司债券或借贷等债务投资人的遭受资产风险的可能性也会随之降低。但以此为据简单地联系成"只要次级信用增级不满一定比例（多认为应该在20%—30%或10%—

---

[41] 山本（和）·后注金融法47页指出："即便规定了原始权益人的回购义务，但回购价格低于原先的对价（至少未保障不低于原先的对价）时（比如内容为以标的物在回购时的市价为回购对价的合同），原则上不能认定为转让担保。融资是以回收投入资本（与符合风险的利息收入）为大前提的经济行为，不可能存在合同上未就归还本金（债务人的信用风险暂且不谈）予以担保的融资行为。"

15%等区间内）即可视为真实转让，而超过多少比例则不是真实转让"，以这样的思路来按比例进行认定的意见，既无法提供认定的依据，也缺乏合理的论据。

从"经济角度"来看，上文1附带回购条件的情形属于资产风险被全部保留在转让人处，相对本本项目中的情形则属于部分资产风险被保留在转让人处。由此带来的一种思路就是前段所述的按比例认定，但在"法律体系的构架"下两者的差别还是很大的。

b.与否认法人人格的法理的一致性

提一句在上述情况下公司重整法中的重整程序的财产管理人也可能通过处分该次级信用增级的部分来回收资金。这和对象公司将土地房屋以市场价格转让给子公司而子公司以此为担保进行借款时的对象公司被启动公司重整手续的情形是一样的。此时对重整程序的财产管理人而言，（与SPC的情况不同）即便该子公司是100%的子公司（ⅰ）可以转让子公司股份但（ⅱ）无法主张"对该子公司的土地房屋的转让不是真实转让而是转让担保"。这样一来重整程序的财产管理人只能通过解散子公司的手续将子公司拥有的资产作为剩余财产进行分配。在现行法律框架下，对重整程序的财产管理人而言如要将转让给子公司的土地房屋纳入财团的一部分，则除了解散子公司的方法外，就只剩下"否认法人人格的法理"这一条途径了。

c.附论

如上所述在专业工作者中"当信用增级比例在20%—30%或10%—15%范围内时，可以认定为真实转让。一旦超过这个比例则应视为转让担保"。等论点还是有一定市场的（笔者也是其中之一）。但提出"只要次级信用增级比例低于几成就是真实转让，超

第一章　真实转让论相关思路的整理

过几成则不是真实转让"这一论点的辩手是在没有提供有力的论据并以此围绕法人人格否定的法理做出法律体系下不自相矛盾的说明的情况下就轻易地提出了论调。这原本就不应被认同。㊷

　　就笔者的日常的感想而言，夸张些讲专业工作者在讨论解释论时包括笔者在内总会倾向于"在这个范围内的话就是安全的"（消极解释）的思路，而不倾向于像学者和法官讨论时那种"应该这样解释"（积极解释）的思路（当然专业工作者在诉讼中反而会提出更具攻击性的论调［攻击性解释］）。正因为有这样的背景，由专业工作者主导的讨论在最极端的情况下论调甚至会被导向与法律体系完全不吻合的方向。为此，需要学者能更积极地参与到这个领域的讨论之中。同样的，出于上述的观点，学者参在研究专业工作者的论点时，有时也需要在一定程度上理解一下这些论调背后的逻辑。

　　在笔者印象中，信用增级比例的问题正是上述问题的实际表现。在这个问题中，不仅没有判例也没有一种学说来把他提出来讨论。所以更不能像以往的讨论那样只强调经济面的一边倒的论述，更应将整个法律体系特别是"法人人格否认的法理"的相关内容纳

　　㊷　后藤·后注（下）83页也指出："以对价余额的形式对债权回收资金中超出90%的部分拥有支付请求权的约定……时确定这10%的部分作为信用增级。""该信用增级以本债权的转让予以实现，不能作为认定本债权转让后存续的归还义务的依据。而且关于信用增级的量……是平衡了债权池的回收风险与资产担保证券所要求的支付的确定性的基础上决定的，不受有无返还债务的影响。"

　　后注·SFI会报33号25页［道垣内发言］中指出："如果是由原始权利人获取劣后收益权的问题，那无非就是违约率越高则劣后收益权的受益人就无法获取任何回收，仅仅是约定内容正当的信托效果而已。相对地，对于债务违约的转让债权，采取回购或就该部分解除信托合同的方案在法律上有很大的区别。"

35

入讨论对象,开展学术级别的讨论。㊸

三、金融租赁和真实转让的关系

金融租赁中的所谓的全额支付方式的租赁中①其所有权在形式上属于出借人(租赁公司),承租人(用户)只是在向出租人支付租金;但②根据合同的约定出租人预期通过租金回收其投放的资本。因此不构成未履行的双务合同,由此剩余租金会被认定为破产债权、再生债权和重整债权(最高判平成7・4・14民集49卷4号1063页)。㊹

该判例的结论中是这样论述的。"采用全额支付方式的金融租赁合同……其实质是为用户提供金融便利,因此在此租赁合同中,租金债务在合同成立时就已全部产生,即便约定了按每月固定金额

㊸ 在思考这个问题时,需要这样一种视角:"能否否定法人人格的属性?承认其属性的合理性在哪儿?对此必须从交易社会的整体构造、法律政策、法务技术等角度出发进行讨论。"[江头宪次郎《会社法人格否认的法理》(1980年)3章1节理论性前提]

㊹ 可参考的判例解释:八木良一・最判解民事篇1995年度401页、田原睦夫・金融法务事务1425号(1995年)11页以下,樱井孝一・私法判例Remarks1996(下、1996年)148页以下,生田治郎・1995年度主要民事判例解说(判例Times 913号)(1996年)278页以下,伊藤真・金融法务事务1428号(1995年)62页以下,中西正・1995年度重要判例解说(法律人1091号、1996年)121页以下,山本和彦・NBL574号(1995年)6页以下,同破产判例百选(附册法律人163号、第3版、2002年)170页以下。关于同一案件的地裁判决的竹下守夫"批评"金融商事判例813号(1989年)41页以下。

支付租金,也只是为用户提供期限利益而已。"

根据这个案例的前提事实在全额支付方式的融资租赁合同中:

①法院的认定是"(用户)需自行负责检查、维护、修缮和修复本对象物品,即便在租赁期间存在无法使用本对象物品的期间,无论理由如何均不免除支付租赁费用的义务"。在此不仅与"收益"对应的资产风险已经被转移给了承租人(用户)。

②法院还认定了"本对象物品交付后,(用户)不得就本对象物品的任何瑕疵向(租赁公司)提出请求。本对象物品因自然灾害等原因被损毁或损坏且无法修理、修复且(租赁公司)确认在该情况存在时本租赁合同虽然由此终止,但这种情形下合同中仍约定了(用户)应支付一定的赔偿金等义务"。"这是一种全额支付形式的租赁,预期了(租赁公司)在前述期间内能够全额回收取得本对象物品的对价及其他投放资本。"也就是说在本案中应当聚焦于"本金"所对应的资产风险已经转移给了租户(用户)这个事实。

在房地产的出售返租的情形中被否认真实转让性质的场景,一般是在讨论是否应该认定[资产风险留在乙方(转让人)时]甲方(受让人)向乙方支付的资产转让价格相当于贷款,乙方在以租金(或以回购对价)的形式进行偿付。相对地,谈租赁融资时则是,是否应该认定[资产风险转移给乙方(用户)时]乙方(用户)向甲方(租赁公司)支付的租金,实质上是资产转让对价的分期价款。所以从整体来看"被担保债务"在前者中的表现是"(当初以转让价款为形式的)贷款的偿付债务",而在后者中的表现是"(以租金为形式的)分期付款的支付债务"。

从这个角度出发就会发现,通过将资产的本金风险转移至承租人(用户)处的做法在本质上一样可以推导出所有权转移给承租人

（用户）的法律效果。这与上文所提到的真实转让的底层逻辑有共通之处。⑤

有鉴于上述结论，我认为今后应该围绕资产本金风险这根"立柱"将真实转让和融资租赁联系在一起进行讨论。

四、结语

在此对本文做一个收尾。

---

⑤ 山本（和）·后注金融法务51页中认为："即便不是全款支付模式，标的物的适用和其对价无法挂钩时，即无论使用人是否使用了标的物都要支付对价（或者以损害赔偿的形式）时，可以认为租赁债权人在程序启动前就已经承担了债务人的信用风险。可以作为重整担保权在重整程序中处理。"

由此造成（i）凭租金总额加中途解约金无法保障受让人在资产上投入的资本时；或（ii）地震等导致资产难以使用且没有条款约定支付与剩余租金相当金额时，不能认定为融资租赁。

套用到笔者对真实转让的思路中可以这样理解。前者（i）属于无法确定被担保债权的情形；后者（ii）在将"剩余租赁费"（扣除其中的预期利息后）替换为与剩余本金相当的金额后，等同于本金风险转移给了受让人。

而且即便有相应的条款约定在地震等导致资产难以使用时仍需支付与剩余租金相当的金额，但当租赁期内的租金总额不足以全额回收投放资本（即不是全额支付模式）时，由于没有相当于被担保债权的权利，所以也不应该被认定为融资租赁。租借人即便支付了与剩余租金相当的金额也不意味着投放的资本能得到回收，也就是说资产的风险没有全部转移给租借人。此时即便约定"无论使用人是否使用了标的物都要支付对价"也无非只是加重了租赁人的资产管理责任而已。因此我认为不能轻易地在融资租赁中排除全额支付这个要件。当然基于资产等租赁物件的性质也可能存在无法定性为"加重了租赁人的资产管理责任"的情形或应理解为租赁人和租借人依据承担资产风险的比例共享资产的情形。需要进一步研究。

第一章 真实转让论相关思路的整理

1 a.应该将关注点放在所有权内生的因不可抗力造成的灭失等资产风险的转移上。虽然这个观点是否具备普遍性还需要进一步的讨论,但如果要在讨论中忽略这个观点的话,则必须提供合理的理由。顺带一提,如果从公司再生法的法益高于此观点的角度进行讨论话,这又会涉及其他案例在法律体系上的平衡性的问题了。

b.而且资产风险与被担保债权之间的关系不正是一种表里互补的关系吗? 32

2 a.在法律理论中应该明确区分"经验法则理由"和"正当化理由",前者只是从后者的衍生,只有后者的标准难以对案件进行认定时才能使用。

b.与a相关联,对于上文中第一阶段交易的问题与第一阶段交易和第二阶段交易相结合的问题,在思考时应该予以区分。

c.同样与a相关联,汇票贴现的问题和典当性质的担保的问题也应该从主张举证责任的角度出发,予以定位并系统性地思考。

3.如要将信用增级比例带入真实转让的性质的讨论中,我觉得需要从法律体系上的契合性的角度出发,结合法人人格否定的法理(或细致地就该法理进行拓展讨论)的基础上进行的讨论才站得住脚。

4.如上文所述真实转让的问题与融资租赁的问题之间可能只有毫厘之差。所以在考虑真实转让的问题时还需要有一个统一的架构来一并对这两个问题进行解释。

金融租赁和真是转让所带来的问题从某种意义上讲可能是立足于川岛武宣《所有权法的理论》和我妻荣《近代债权的优越地位》之讨论的延长线上的一个全新的历史性的讨论。希望能把视线提升到这样一个高度来开展对上述问题的讨论研究。

主要引用文献

堀裕＝山川萬次郎「指名債権群の譲渡を伴う証券化取引の倒産手続上の取扱い」NBL508号（1992年）17頁以下（「堀＝山川」）

田中幸弘「証券化金融取引の債権譲渡を見る視点（上）」NBL510号（1992年）43頁以下（「田中（上）」）

同「証券化金融取引の債権譲渡を見る視点（下）」NBL511号（1992年）31頁以下（「田中（下）」）

「座談会/債権譲渡担保から債権売買へ——その法理と実務上の諸問題」金融法務事情1387号（1994年）55頁以下（「座談会/債権譲渡担保から債権売買へ」）

櫻井英喜「資産流動化に関する真正売買（True Sale）論についての一考察」資産流動化研究2号（1996年）77頁以下（「櫻井」）

宗田親度「債権の証券化と倒産手続」伊東乾教授喜寿「現時法学の理論と実践」（慶義塾大学出版会、2000年）74頁以下（「宗田」）

小林秀之「資産流動化における倒産隔離問題と法制整備の課題」資産流動化研究所SFI会報27号（2000年）18頁以下（「小林・SFI会報27号」）

小林秀之「資座流動化と倒産隔離」SFI会報33号（2001年）14頁以下「パネルディスカッション/信託を利用した資産流動化スキームの倒産隔離の観点からの考察」資産流動化研究所SFI会報33号（2001年）20頁以下（「SFI会報33号」）

小林秀之「資産流動化と倒産隔離」石川明先生古稀「現代社会における民事手続法の展開（下）」（2002年）425頁以下（「小林・石川古稀」）

瀬川信久「流動化・証券化の法律問題（1）——資産の移転と証券の発行・流通」金融法研究・資料（17）（2001年）87頁以下（「瀬川」）

高見進「流動化・証券化の法律問題（2）——倒産法」金融法研究・資料（17）（2001年）120頁以下（「高見」）

井上聡「証券化取引に関する倒産法上の問題点」資産流動化研究所SFI会報37号（2002年）16頁以下（「井上・SFI会報37号」）

後藤出「資産流動化取引における「真正売買」（上）」NBL739号（2002年）65頁以下（「後藤（上）」）

同「資産流動化取引における「真正売買」（下）」NBL740号（2002年）83頁以下（「後藤（下）」）

三国仁司「マイカルの不動産証券化をめぐる法律家の混乱に対する私的見解」NBL742号（2002年）4頁以下（「三国」）

「『マイカル・グループの不動産証券化についての意見書』の概要」金融法務事情1646号（2002年）33頁以下（「山本（克）」）

「マイカル・グループ証券化に関する「山本意見書に対する見解書」の概要」金融法務事情1649号（2002年）17頁以下（「新堂」）

「マイカル証券化スキームに関する山本和彦教授意見書の全文」金融法務事情1653号（2002年）45頁以下（「山本（和）・金融法務」）

山本和彦「証券化と倒産法」ジュリスト1240号（2003年）17頁以下（「山本（和）・ジュリスト」）

伊藤眞「証券化と倒産法理（上）——破産隔離と倒産法的再構成の意義と限界」金融法務事情1657号（2002年）75頁以下（「伊藤（上）」）

同「証券化と倒産法理（下）——破産隔離と倒産法的再構成の意義と限界」金融法務事情1658号（2002年）82頁以下（「伊藤（下）」）

加藤慎＝上田裕康「なぜわれわれはマイカルCMBSを問題にするのか」NBL746号（2002年）31頁以下（「加藤＝上田」）

坂井豊「不動産の有効活用策としての流動化スキーム——倒産隔離及び不動産投資信託における法律上の問題点」銀行法務21NO.611（2002年）18頁以下（「坂井」）

小林秀之「マイカル証券化と倒産隔離」NBL768号（2003年）33頁以下（「小

林・NBL」)

日本資産流動化研究所・資産流動化と投資家保護に関する調査報告書平成14年度第一分冊（2003年）第5節430頁以下〔佐藤正謙〕(「佐藤・報告書」)

勝田信篤「証券化取引における真正売買と倒産隔離」千葉大学法学論集19巻1号（2004年）251頁以下(「勝田・千葉」)

勝田信篤「真正売買と倒産隔離」清和法学研究11巻1号（2004年）37頁以下(「勝田・清和」)

徳冈卓树 / 律师

第二章　证券化方案中SPV的防破产措施

山本和彦

本文旨在探讨证券化方案中SPV的防破产程序措施的意义、方法、效力等问题。SPV的防破产程序措施是破产隔离的重要措施之一，但从日本的破产相关法规等方面来看，这是一个需要谨慎考虑的问题。出于这种考虑，我将会逐步讨论自主破产程序和非自主破产程序（主要是债权人提出的破产程序）的防止措施的有效性等问题，并在最后就防止投资人提起破产申请的问题讨论具有实际效果的限定责任财产特别协议及其意义和效力等问题。

一、设问

（一）破产隔离措施：防破产措施和防破产程序措施的区别

本文旨在讨论证券化方案中[1]，以SPV为对象防破产程序措施的意义、方法和效力等问题[2]，但作为讨论的前提首先要对本文所谈到的防破产程序措施和防破产措施之间的差异进行一个明确。[3]

在构建作为证券化前提的资产流动化的制度时，为了保障投资人的投资安全，持有需要进行流动化的资产的原始权益人应该利用拥有独立法人人格的公司（SPC: Special Purpose Company）或信托[4]（合称SPV: Special Purpose Vehicle），将资产转让给该公司或信托，再由该公司或信托以某种形式接受投资人的投资，而非将资产直接转让给投资人。同样为保护投资人就要避免SPV受原始权

---

[1] 关于证券化的典型结构参考西村综合法律事务所编辑《金融法大全（下）》（商业法律、2003年）（以下简称《金融法大全》）9页以下（前田敏博）等。

[2] 本文与山本和彦著《债权流动化方案中的SPC的防破产措施》金融研究期刊17卷2号（1998年）105页重复的部分较多。本文剔除了该文章中关于外国法律方面的内容，并重点补充了近期破产法修订所带来的变化。

[3] 关于证券化和破产法上各类问题的个人见解方面参考了山本和彦《证券化和破产法》法律人1240号15页以下。

[4] 此时除了将资产转让信托公司的方法外，在新信托法里也认可自我信托（即所谓的信托声明）的方法（但相关自我信托的规定将在新信托法实施1年后延后实施）。此类自我信托的证券化的可行性参考川上嘉彦＝有吉尚哉的《新信托法下新型信托的资产流动化·证券化可行性的相关考察》金融法务事务1798号第9页以下。

益人的经营状态的影响而破产。为此需要构建所谓的"破产隔离（bankruptcy remote）"的措施。

这种破产隔离措施我认为可分为两大类。[5]其一是采取措施以防止破产状态（例如无力偿债）的发生（以下称为"防破产措施"）。其二是在发生破产状态后避免被启动破产程序的措施（以下称为"防破产程序措施"）。前者有以下这些对策，如禁止SPC从事除资产受让业务以外的业务内容、限制从投资人获得的资金的用途和方法、禁止有资产背书的证券以外的债务负担行为、限制原始发起人与SPC及受托人之间的人员交流等。目前这些都已运用到实务中了。[6]而后者的措施则有通过章程或信托合同中的约定禁止SPC自行或者由其董事或受托人提出破产申请、与债权人等签订禁止申请破产的合同等。以往对于前者的预防措施讨论较多，对于后者的讨论就没那么细致。甚至于不与防破产措施进行区分而是并在一起作为破产隔离措施被一并讨论。

但我们不能否认防破产措施和防破产程序措施之间在性质上差异巨大。因为防破产措施旨在预防SPV陷入破产状态，而防破产程序措施则是以防破产措施失败且SPV已经陷入破产状态为前提，以不启动任何法定破产处理程序为目的的措施。由此展开防破产措施对于证券化计划而言明显是不可或缺的，但防破产程序措施的必要性还需要论述一下。

（二）防破产程序措施的必要性

作为讨论防破产程序措施必要性的前提，首先需要确认在此讨

---

[5] 虽然这种分类基本上得到支持，但存在"破产时的应对措施"这第三个问题。参考《金融法大全》前注（注1）55页（前田敏博等）。

[6] 关于该类方法参考《金融法大全》前述（注1）第55页以下（前田等）。

论的这些为相关投资人提供保护的措施是围绕与哪些利益关系人之间的关联性展开的。换而言之就是这些措施是旨在保护其他投资人（购买ABS等的其他债权人），还是旨在保护投资人之外的债权人。这个保护的目的将很大程度上改变该措施的性质。实务中防破产程序措施的主要对象往往是除投资人以外的其他债权人。具有代表性的债权人有原始权益人或其相关债权人，此外也包括提供备用贷款等的金融机构及向SPV提供各种服务的债权人（律师、注册会计师等）。另一方面针对其他投资人时，实际中往往会采用一种称为限定责任财产特别协议的独立保护机制[7]（参见四），而非防破产手续措施。那么能否理所当然地把投资人放弃破产申请权的问题排除在讨论对象之外呢？这还需要进一步讨论。为此下文中将同时针对非投资人债权人的预防措施和针对投资人债权人的预防措施一并作为讨论的对象。除需要对二者进行区分讨论的情形外，我会将两者一并纳入讨论的范围。

以上文讨论为前提我们来看一下防破产程序措施的必要性在哪儿？第一，需要防止SPV因破产申请而被禁止偿付债务导致投资人预期的现金流受阻；第二，防止部分自有资产收益性较低的投资人通过申请破产将自身的负担转嫁给其他投资人。从以上两点来看如果可以对每份资产都设定担保的话问题相对会少很多。当然受破产财产管理人介入资产变卖（破产法184条2款、185条）等程序上的限制[8]，这

---

[7] 要注意的是其他投资人的保护存在问题的情形往往以一个SPV发行多个种类的ABS为前提。

[8] 重整担保权相关的限制会进一步加强。可参考脚注3。

种做法并不能充分解决问题。⑨ 从这个角度来看还是需要防破产程序措施的。再者即便对于其他投资人的财产设定的不执行特别协议（限定责任财产特别协议）是有效的，在 SPV 进入法定破产程序前每个部分的资产是否都能分配给各自对应的投资人？这点是存疑的（此问题请参见四），有必要进行讨论。

（三）需要予以防止的那些破产手续的意义

在上文的分析中我们肯定了研究防破产程序措施的必要性。那么就有必要讨论一下其前设课题也就是预防的对象"破产程序"的范围。如果只是希望存续 SPV 的业务，那只要预防破产程序即可，无须进一步考虑重建型清算程序的预防措施。如果确实可以通过重建程序来对抗破产程序，那么防破产程序措施的对象也是可以局限于破产程序的。但即便启动的是再生或重整程序，其过程中仍会禁止对投资人的偿付。而且重组计划或重整计划得到批准后，偿付仍需要依照（获得部分豁免/缓期等权利变更后的）重组计划或重整计划执行。这对于期待还本付息等现金流会按照初期的预定得以支付的投资人造成致命打击［参见（二）］，从可能会破坏整个证券化方案。从这个角度来看这与破产程序也没有多大区别。由此可见重建型手续只可以作为无路可走时的最后手段，谈不上是决定性的解决方案。为此下文中我们讨论将防破产程序措施的对象时，不仅会仅限于破产等清算型倒闭程序，民事再生、公司重整等重建型程序也会被纳入讨论对象。

---

⑨ 对对象资产设定单项的担保权本来就很困难。这是因为通过通知和承诺来对每项债权设定担保权（转让担保·质权）时，向每个投资人出具转让通知，将这些投资人作为担保权人是非常困难的。但这个问题可以通过活用修订后的信托法下可以实现的信托来设定担保权（security trust）的方式来解决。

(四) 其他前提

另外由于下文是围绕可能被启动破产程序等法律程序的状态来讨论防破产程序措施的（不存在被启动可能也就没必要讨论预防措施），必然地会以SPV存在无力偿债及其他会触发破产程序的原因为前提进行讨论。在这点上与美国法律的情形不同。至少美国的法律体系中自主申请破产程序并不需要破产原因作为前提。在美国的体系下对于预防不存在无力偿债背景的破产程序的讨论，在日本基本上可以说是不需要的。但是日本也放宽了重建型程序的启动要求（民事再生法21条，公司重整法17条），所以还是有必要把此类程序的初期预防纳入讨论范围内。⑩

还有在考虑防破产措施时还需要注意个别执行这个问题。即便判决驳回了破产程序，只要没有对个别执行设置限制，那么各个债权人必然都会寻求通过个别执行来回收债权。此时越方便查阅SPV财务信息的债权人便可能越早地回收债权，结果很可能会导致债权人的平等受到损害（先到先得）。⑪也就是说一方面破产程序的启动被驳回了，另一方面对个别执行又完全没做限制，那么就有可能让最早发觉SPV崩盘的债权人独占性地圆满获得对自身的偿付。这样的结果是不能被接受的⑫（作为事后限制手段的欺诈损害取消权的

---

⑩ 然而需要注意的是在日本通常是在陷入无力偿债状态后才实际启动破产程序，这与将破产程序（第11章程序）作为经营战略的一种方法来运用的美国有实际差别。这个问题在对破产法做出根本性的修订前不会有变化。

⑪ 尤其是在证券化的资产是债权时要注意，由于转付命令制度的存在债权执行很可能被执行成一个先到先得的执行程序。

⑫ 破产程序这个制度就是为了解决先到先得这个囚徒困境状态而制定的。此处参考山本和彦的《破产处理法入门》（第2版校订版）1页以下。

限制措施"民事424条"原则上不适用于本文讨论的偿付）。为此讨论防破产措施时要同时注意到对个别执行的限制。

以上文内容为前提下文中将首先探讨针对债务人自行提出破产申请的预防措施（二）。之后探讨针对第三人特别是债权人的申请相关（非自行申请破产程序）的预防措施（三）。最后附带地简要介绍一下能部分替代防破产程序措施的功能的限定责任财产特别协议（四）。

二、自主申请破产程序的防止措施

（一）放弃自主申请权的效力

讨论SPV自己［SPC则为本人、信托则为受托人（参见注29a）。以下简称"债务人"］申请破产程序（以下简称"自主申请"）时，最基本的是与债权人达成协议约定债务人不会进行自主申请。[12]在此先要考虑这种协议的有效性。这里需要思考法律授予债务人破产申请权的意图。其中不仅包含对规避来自每个债权人的强制执行，通过启动再生/重整程序和免责来谋求经济面的恢复等债务人自身利益的需要，同时也包括公平地对全体债权人进

---

[12] 如果会达成这种协议，那么该协议的效力又是一个问题。我的思路是要么承认直接效力但驳回申请，要么该类协议抵消了提出申请的利益驳回申请，但无论何种情形（该问题基本上是与不起诉协议问题没有交点）原则上都因为不合法而被驳回。因此即便法院忽略了协议而启动了程序，债权人等也可以理解对破产手续启动决定提出对抗。

行分配的公共利益方面的需要。[13]在此我们先考虑前者的意图。债务人自己放弃债务人利益的做法从自主自治原则的角度来看原则上是可以被接受的。但考虑到债务人和与其达成协议的债权人之间的力量关系，也会存在其效力被否定的例外情形。比如债务人因彼此间的实力关系而不得不接受原始权益人或提供融资的金融机构提出的放弃自主申请权的要求时，此类协议（即便未构成强迫）也可以认定为因违反公序（保护性公序）而无效。[14]再来考虑一下后者的意图，如果认为债务人的申请权包含公益性，那么与某些债权人的达成的协议形成的限制有可能会损害其他债权人等的利益进而违反公序。[15]当企业陷入破产状态时，失去公司实质上的股权的股东所信任的经营者凭什么可以做出申请破产程序这种决定公司今后命运的决定呢？这（与其说是保护企业自身的利益，不如说）是为了保护债权人的利益。因为通常而言能做出最及时最恰当的应对的人是债务人自己。特别是对于那些一般没有机会申请启动破产程序或申请强制执行的小额债权人而言，如果说赋予自主申请权是对他们的保护的话，债务人通过与无需此类保护（能在先到先得的竞争中胜出）的债权人之间的协议单方面放弃申

---

[13] 比如中野贞一郎＝道下彻编《基本法解说·破产法》（第2版）204页（林泰民）。

[14] 根据实际情况可能涉及反垄断法中的不公正的交易手段，导致因违反强制法规而被否定其在私法上的效力。

[15] 美国的法律体系下在自我申请权放弃条款的效力问题上，主流的意见是此类约定是无效的。相关美国法律的讨论参考山本·前注（注2）109页以下。

第二章 证券化方案中 SPV 的防破产措施

请权的行为是不能被接受的。[16]

就这点而言虽然公司的董事等曾经负有破产申请义务（旧商法174条·262条6号）[17]，但随着1938年的修订中该规定被删除现在已经没有这项申请义务了。有种观点认为如果破产法强调自主破产的公益性的话，那么应该倾向于肯定并维护这种申请义务。由此可见如果法律否定申请义务那不就意味着其公益性并不高。但单凭否认申请义务来推导放弃申请权是否未免过于武断。上述修订中删除申请义务有两个实际原因。一来将公司董事自主申请破产作为义务规定过于严苛，二来认定资不抵债也并非易事[18]。由此导致该规定在实际上是一纸空文。[19] 也就是说并不存在对自主申请的公益性给予负面评价的背景。由此可见没有破产申请义务并不构成否定上文论述的材料，通过协议放弃以保护债权人为目的的自主申请权的做法一

---

[16] 参考判例有东京高决1982·11·30下民事集33卷9=11号1433页。案由是债务人与部分债权人（工会）约定在自主申请前需要与该债权人进行协商，结果债务人未在破产申请前进行协商。此时对于该申请的合法性发生争议。法院认定该破产申请合法。理由中指出"破产手续实质上是为了全体债权人的利益而进行的。以部分特定债权人及其他权利人之间的协议予以限制申请是不妥的"。联系本文还请留意。

[17] 德国似乎仍然有申请义务（参见德国股票法92条和401条）。在此参考野村秀敏《破产与会计》16页以下、吉原和志的《公司责任财产的维护和债务人的保护（2）》法学协会杂志102卷5期943页以下。

[18] 在德国资不抵债的问题有充分的讨论［德国方面的讨论参考野村·前注（注17）19页以下］。但在日本还未积累足够的讨论基础。

[19] 参考司法省民事局编《商法中修订法律案理由书（总则·公司）》143页。这次的破产法修订中删除了继承财产管理人等的破产申请义务（旧破产法136条2项）。民法上的公益法人理事的破产申请义务（旧民法70条2项）经公益法人改革而删除了。两者的理由基本一样。

般很难被采纳。[20][21]

（二）防止自主申请的方法

如上所述如果对自主申请权的放弃不能防止自主申请，则可以考虑如下这些其他可能的替代措施，比如（a）在提出申请时要求获得优先股东的同意；（b）在提出申请时要求获得独立董事的同意等。[22]首先（a）实质上会联系到自主申请权，有鉴于上文所述意图基本没有被认可的余地。[23]自主申请权的意图在于保护债权人，那么要求获得部分股东的同意的做法等同于无法保护优先于股东利益的债权人利益，这不符合破产法构建的秩序。

其次（b）方案涉及董事地位平等原则的问题。[24]如果章程规定独立董事（与原始利益人没有实际关系的董事）不同意则不能提起破产申请，这等于单独授予该董事以拒绝申请启动破产的权利，这会有损于其他董事间的地位平等。虽然日本是否存在类似美国法律

---

[20] 即便有上述前提下，债务人如能与所有破产债权人达成弃权协议则其效力还有讨论的余地。因为所有能在破产手续中获益的相关方都接受了协议。但要在申请启动破产程序的阶段证明债务人已经和所有破产债权人达成协议放弃申请权（由于无法完全确定破产债权人的范围）存在实际困难。闲置中还是无法阻止破产的（当然在限定了相关方的证券化方案中还是有可能实现的）。

[21]《金融法大全》前注（注1）61页以下（前田等）也提出了与上文相同的意见。

[22] 美国对此类措施的尝试参考山本・前注（注2）110页以下。

[23] 在美国只有在没有破产原因的情况下才被允许。而在日本没有破产原因不得启动破产手续，两者在前提上就不同。

[24] 这点也与（a）一样可以认为是与禁止放弃自助申请权的意见相悖的。由于董事的地位源于股东，所以批评这是将对股东的保护优先于对债权人的保护也无可厚非。当然两者的对立更为间接，所以暂且可以和放弃自助申请同时成立为前提思考。

第二章　证券化方案中 SPV 的防破产措施

体系下的董事平等原则需要打个问号，但规定董事会决议要件的公司法（会社法）369条1款规定反映了对董事的人数和地位平等原则。以下是在旧法体系中的讨论。"董事会的决议由出席董事会的过半数董事及出席董事会的全体代表董事同意决定。"的章程约定相当于授予代表董事否决权，这违背董事会作为合议机构的性质。[25] 因此授予部分董事（即独立董事）以否决申请启动破产程序的章程条款是有可能被认定为无效的。从这点出发可以通过对申请启动破产程序决议规定需要全体董事一致同意[26]来从实质上达成目的。

相对而言，在这个问题上障碍更有可能来自规定准自主破产的破产法19条1款2项。根据这项规定，每个董事（无须任何董事会决议）都可以根据董事个人的资格独立提出破产申请。[27]尽管上文［参见（一）］所述1938年商法改正中取消了董事的破产申请义务，但申请权本身仍然自然存在。这点在最近一次对破产法的根本性修订中也被保留了下来，并未遭受任何质疑。问题在于章程能否剥夺破产法允许的申请权。我想这是相当困难的。因为这种申请权的目的在于当公司因内部纠纷导致董事会决议（公司的决策）变得困难或代表董事失踪时债务人仍旧可以设法启动破产程序。[28]这意味着强化了以保护债权人为目的的自主破产制度。为此该权限（不仅考虑了社会的利益也考虑了全体债权人的利益）被认为是破产法的一

㉕ 参考大森忠夫等编《注释会社法（4）》（增补版）343页（堀口亘）。

㉖ 这符合公司法369条1款"以（过半数）的比例制定章程的情况下"的规定，可以认为是合法的。

㉗ 美国法律似乎没有这种规定。

㉘ 参考中野贞一郎＝道下彻编《基本法解说·破产法》（第2版）206页（林泰民）等。

项公益性的规定，与自主破产的情形一样被认为是一种强行规定。既然如此那么靠章程这个公司内部的规定来剥夺的做法，从与债权人的关系的角度出发是不会被允许的。总而言之要事前限制来原始权益人等的董事的准自主破产申请权限是非常困难的。因此美国法律体系下讨论的替代性的防自主申请的方法在日本法律体系下根本无从实施。[29]

（三）对自主申请中剩余的一些可能性的评估

基于上文我们发现，在日本法律体系下限制可能出现的自主申请是困难的。[30]尽管从表面上看日本证券化与美国相比在制度上具有脆弱性。但这不能只比较制度这一个方面，由于在其他方面日本和美国在制度和运作上也大相径庭，所以要综合多种观点进行比较。

与本文论点相关有个被多次反复提及的问题，这个问题特别是在破产原因相关规律的差异上拥有重要的意义。即在日本的破产法中即便是自主申请也需要有启动破产程序的原因（破产法15条、16条），而在美国法律中自主申请是不需要破产原因的（参见美国联邦破产法301条）。之所以美国会着重讨论自主申请的预防措施，就是因为人们强烈意识到，即便没有任何破产原因也可以启动程序。不可否认，为了防止滥用带来的风险，保护投资人的必要性是

---

[29] 《金融法大全》前注（注1）60页以下（前田等）也有与此基本相同的意见。

[30] 将信托作为SPV时，对于受托人的信托财产破产申请权的限制也一样。而受托人的破产申请方面从无需释明破产程序开始原因的事实（破产法244条之4的3款），受托人承担破产财产管理人说明的义务（破产法244条之6的1款1项）等可以看出信托财产破产中受托人被置于与董事同等的地位，而受托人的申请权实质上也包含了对受益人等的保护。

极其高的。相反地，我们可以认为，在日本要求启动破产程序的原因起到了防止滥用的作用。[30]而且需要注意与以上问题有密切关系的是美日两国对于破产程序的运用有着巨大的差异。在日本至少目前为止不能像美国那样基于经营战略的需求运用破产程序，也无需担心原始利益人出于这种策略而将SPV和投资人卷入其中。[31]这样一想尽管在日本法律上要充分限制自主申请非常困难，但综合评估后就会发现此类限制的必要性本身远低于美国。因此这个问题并不会成为在日本推动证券化方案时的决定性的负面因素。

三、非自主破产程序申请的预防措施

（一）债权人放弃申请权的效力

现在来讨论一下限制非自主申请权特别是债权人的申请权的可能性。[32]此时首当其冲的问题是债权人放弃破产申请权的协议。在

---

[30] 民事再生和公司重整重建类程序的启动理由确实被放宽了。即便如此人要求满足存在风险会产生启动破产程序的理由或在没有显著影响业务的持续性的情况下无力偿付还款期到期的债务时等要件（民事再生法21条、公司重整法17条）。所以几乎不会出现没有财务状况恶化背景的情况下启动程序等滥用行为。

[31] 这个问题今后也未必不会改变。但这是和整体公民的心态及制度在社会中的分工等深层次问题相挂钩的问题（近年来围绕产业再生机构或非法律手续整理的讨论也体现了这一点）。其运行模式不会在一朝一夕间发生变化。

[32] 该问题相关美国法律的讨论参考参考山本·前注（注2）117页以下。下述讨论套用到作为SPV运用信托的方案过程中对信托债权人以及受益人申请限制上也同样是合理的。

47　日本[33]，原则上所有债权人不论其债权额的多寡都可以单独提出破产申请（破产法18条，民事再生法21条2款）[34]。一些小额债权人和普通投资人破产程序启动申请权也是被认可的。也就是说由于会导致多数投资人利益受损的SPV的破产程序很容易被部分债权人申请启动，为此我们需要相应的预防措施。

　　那么债权人与债务人之间关于放弃破产程序启动申请权的协议在日本法律上是否有效呢？[35]关于债权人放弃破产申请权的可能性问题存在一些争论。其中基于破产申请权是一种公权利不可被放弃，[36]或者破产申请权是建立在全体债权人共同利益上的权利不能被放弃[37]等理由否定权利放弃的观点只占少数。大多数观点认为破产程序启动申请权与强制执行请求权等一样可以被放弃。[38]笔者的想法也倾向于多数派的观点。[39]如果说民事诉讼中的不起诉协议与民

---

　　[33]　对此美国在债权人申请时的债权人人数及债权金额有一定限制。

　　[34]　但公司重整的程序上存在债权额高于资本金10%的限制（公司重整法17条2款1项）。在下文中对于重整手续基本采取摒弃纷繁复杂的表象抽取概念，即舍象的思考。

　　[35]　认可协议的有效性则其效力将成为问题。这基本上与自主申请的情形是一样的（参考前注，注12）。

　　[36]　参考加藤正治《破产法要论》277页、斎藤常二郎《破产法・和议法》265页、石原辰次郎《破产法和议法实务总览》316页等。

　　[37]　参考松冈义正《破产法论上卷（手续规定）》第440页等。

　　[38]　参考中田淳一《破产法・和议法》61页、冈村玄治《破产法要义》130页、宗田亲彦《破产法概述》97页、斎藤秀夫等编撰《注释破产法下卷》185页（谷合克行）、伊藤真《破产法》（第4版修订版）83页注67等。

　　[39]　美国法律上也将之作为一种不执行协议允许放弃。参考山本・前注（注2）118页。德国法上一般也允许放弃。参考斎藤等・前注（注38）185（谷合）。

事执行中的不执行协议的合法性[40]是源自当事人处置权主义（甚至可以追溯到私法中的自主自治原则）并被广泛认同的话，那么不申请破产程序的协议也应被视为前者的一类形式在原则上得到尊重。

然而破产程序申请权的放弃与不起诉协议或不执行协议相比还是有若干的差异需要去分析。即破产制度是一种以当债务人破产状态下时放弃各自独立的债权回收通过寻求集体处置来实现债权人整体利益的判断为前提，以破产状态下债权人之间的交易成本增加为理由，强制限制债权人个别行权，通过监管来优化全体债权人利益分配[41]的程序。在具有公共利益性质的意义上而言，破产与个别债权人进行的诉讼程序或执行程序是存在差异的。法律上，申请破产程序的决定确实是由各债权人自主决策的，但是一旦破产程序开始，即便是提出申请的债权人也不能自由地予以撤回（参见29条前述），在此情形下当事人的处置权是受到限制的。[42]这样一想上文所述那种处置（即放弃破产程序启动申请权）会令破产法中监护性质的安排失效，可以被解释为一种违反公序的处置。全体债权人放弃破产程序启动申请权的情形等同于每个债权人都能自由的发起个别执行。这完全违背了破产制度的意图。此外与破产程序启动申请并行地就不执行也达成协议的话，等于剥夺了那些放弃了申请权的债权人强制实现权利的一切途径。这样的判断是以该债权人拥有充

---

[40] 近期以不执行协议合法性为前提的判例参考最判1993·11·11民集47卷9号5255页、最判2006·9·11判时1952号92页等。

[41] 关于从此类角度出发说明破产制度存在意义的问题参考山本和彦《破产处理法入门》（第2版补订版）1页以下。

[42] 就此而言，在诉讼或民事执行中原告或债权人原则上可以自由地在程序完成前随时撤回申请（当然需要满足对方同意这个要件）。

分的判断能力为前提的。结合以上这些思考，债权人放弃破产程序启动申请权的有效性在原则上会被认可的同时一般认为在此基础上附带一定程度的限制的做法是比较合适的。[43]

在采取限制手段时首先需要考虑协议当事人的特性。比如对方是金融机构、律师、会计师或投资人，特别是那些机构投资人之类有可能去进行充分的风险评估和法律判断且有能力参与个别执行的"竞争"的当事人。他们会更宽泛地去理解处置权，并认可放弃申请权协议的有效性。相对地，以个人投资人等为对象，通过固定条款的协议等来获取同条件的放弃协议的做法存在很大的问题。此类零散的小债权人通常会在债务人处于破产状态时寄希望于法院通过破产程序来公正地提供集体性处理。因此这些对象是否具有足够的判断能力来放弃个别执行是存在疑问的。[43の2]由此可见放弃破产申请（和不执行）协议存在违反公序的[44]侧面。[45]

其次即便协议的合理性有能被认同的侧面其效力应该也只能局限于一个最低限度的范围内，即其具备合理性的那一部分。也就是说通过在协议中附带期限或条件在最低限度的范围内放弃权利的做法才会被认定为是有效。而且一般只有当我们将对象局限于前文中拥有充分决策能力的债权人时，才可能在达成破产程序启动申请权及不执行协议的同时预防个别执行的风险。

　　㊸《金融法大全》前注（注1）62页以下（前田等人）有与此基本同样的意见。

　　㊸の2　伊藤·前注（注38）83页注67认为在"特定情况下存在利用债权者无知等特殊情形下"放弃协议的效力会被否定。

　　㊹　又或是属于消费者合同时依据消费者契约法10条而被认定为无效。

　　㊺　关于这个问题，对照在实务中投资人之间即便订立限定责任财产特别协议也不会订立放弃启动破产程序申请权的特别协议这一点也可以看出是具有合理性的。

（二）申请权放弃的期限限制

假设如上文所述的那样对放弃破产程序启动申请权的协议加以一定的限制时，最大的焦点莫过于时间上的限制。在讨论该问题时我们要考虑到美国和日本在破产法上否认权制度方面存在大的差异。在日本法律体系下对偏袒行为的否认原则上以发生无力偿债的节点为时间基准（破产法162条1款1项、民事再生法127条之31款1项），即便受益人是内部人员也一样（参见破产法162条第2款和民事再生法127条之32款）。对时间基准的追溯仅限于债务人的行为不属于其义务的情形（破产法162条1款2项，民事再生法127条之3第1款2项：追溯30天）。由于SPV对投资人的偿付是义务行为，所以日本法律无需考虑将这样一种情形列入不能予以否认的对象，即通过推迟申请启动破产程序来延后否认的时间基准，从而保证提前对投资人做出的偿付不会被否认[46]。

从另一方面来讲，日本法律中否认的规律也拥有一定特征。那就是破产法162条第3款和民事再生法127条第3款付款停止中对推定的限定。根据该条款的规定，申请启动破产或重生程序之日起一年之前发生的付款停止不具备推定无力偿债的法律效果。[47]那么如果走①停止付款→②向投资人偿付→③申请启动破产程序的路径，而且通过放弃申请权协议让②与③产生一年以上的间隔，则①与③的间隔必然也会在一年以上，那么就可以避免上述条款所规定的基

---

[46] 在美国这是一个重大的问题。参考山本·前注（注2）118页。

[47] 有类似主旨的规定还有破产法166条和民事再生法131条。随着破产法的修订，这些规定的基准日期从破产手续启动之日改成了申请之日，否认的适用对象也从恶意停止支付扩大到了存在停止支付的事实基础。修订的目的参考小川秀树《一问一答新破产法》233页。

于付款停止的否认。就此而言为期一年的申请限制有其合理性。但要注意仅靠基于付款停止并不能实现在破产程序上完全保护对投资人的偿付。要知道针对偏颇行为还另外存在以无力偿债为基准时间的否认，对此并没有期限限制的规定。那么财产管理人或监督委员不求适用前文中所述推定的规定，直接寻求基于无力偿债的否认时，则无法规避否认的效果。但考虑到此时财产管理人必须承担举证责任证明无力偿债，那么基于付款停止回避否认的做法还是有一定积极作用的。从这个角度来讲设定一年的申请权限制可以作为一个积极措施，但是完成对投资人偿付后的期限超过一年的申请权放弃协议不具备合理性可以解释为违反公序。

（三）当放弃申请权的债权人破产时的申请权放弃效力

再往细里说达成放弃破产程序启动申请权协议的债权人自己破产时，该债权人的破产财产管理人能否对抗该协议也是个问题。[48]在日本这似乎不是一个问题。即日本法律上认为财产管理人等原则上继承了破产人等的合同地位。[49]但有一个例外，如果是一个双方未履行的双务合同，则财产管理人可以通过解除合同的方式从合同关系里解脱出来（破产法53条，民事再生法49条）。不过由于放弃破产程序启动申请权的协议属于债权人单方面承担义务的单务合同，所以无法使用上述法条。对方当事人的破产本来就是与SPV无关的事件，承诺不提起破产程序启动申请的债权人以自己破产为由又可以提起申请的思路本身就不合理。再者只要采取了前文中为保护债权人利益的措施，那么即便（在一定期间内）破产程序启动申

---

[48] 美国针对该问题有一些讨论。详细参考山本·前注（注2）119页。
[49] 近期明确了该问题的判例参考最判2006·12·21民集60卷10号3964页等。

请不被认可,债权人的破产财产等也不会遭受多大的损害。从实际效果出发来考虑,债权人的财产管理人等对抗破产程序启动申请权放弃协议是可以被认可的。[50]

如上所述,除与一般投资人的关系外,破产程序启动申请权放弃协议的有效性是得到广泛认同的,可以作为防SPV进入破产程序的有效工具。

四、限定责任财产特别协议

(一)限定责任财产特别协议的意义

如前文所述要求一般投资人签订放弃破产程序申请权的特别协议有可能违反公序。因此实务中采用了另一种称为限定责任财产特别协议的协议形式来对应一般投资人,而非类似前文中那样的权利放弃特别协议。[51] 例如以投资人只能追偿其持有的债券所对应部分的资产为内容的特别约定。此类特别协议的典型模式体现在单个SPV发行多种债券的情况下,但只发行一种债券时也有附带该特别协议的情形。这种协议的主要目的并不是防止投资人提起破产程序启动申请,但实际中确实可以在一定程度上起到防止投资人提起破

---

[50] 关于这一点,金融机构放弃启动破产手续申请权时也一样。在美国金融机构破产时财产管理人等的解除权作为一种特殊规则而被广泛认可[山本·前注(注1)119页]。但日本即便在重整特例法里也没有类似规则。

[51] 《金融法大全》前注(注1)63页(前田等)中认为"在证券化交易中附带限定责任财产特别协议是惯例"。

产程序申请的作用。从某种角度来讲这种特别协议可以承担防破产程序措施的部分职能。就此我们围绕本文讨论的问题来简要论述一下限定责任财产特别协议的有效性和效果。[52]

下文中讨论的限定责任财产特别协议的内容包括：①投资人凭债券获得分配的财产仅限于该债权发行所依据的资产（以下简称"责任财产"），不会获得来自其他资产（其他投资人组的分配资产等）的偿付；②偿还期内未被偿付的债券金额超出责任财产时，则投资人放弃超出部分的债权；③投资人事先放弃对责任财产外其他财产申请强制执行的权利；④SPV发行的后发债券中亦附带相同的特别协议。由此可以带来以下的效果，首先债务的偿付过程中即便责任财产不足以偿付投资人也无望获得来自其他资产的偿付且无法采取强制执行措施。其次偿付期限到期后即便还有剩余债权也只能放弃，债权在实体法上消灭，投资人无法予以追讨。最后如果能在有证券化方案实现这种协议，即便部分投资人组对应的资产出现问题，其损失也仅限于该投资人组内部，有效避免影响扩散到其他方案的情形。

（二）限定责任财产特别协议的效力

接下来我们来思考一下限定责任财产条款的效力。首先上述条款中的②的约定可以视作实体法上附停止条件的债权放弃协议，原则上是合法的。债权放弃协议的效力如果也能在通常的破产程序中

---

[52] 限定责任财产特别协议的问题参考金融法委员会《限定责任财产特别协议相关中间论点的整理》金融法务事务1625号6页下、山田诚一《限定责任财产特别协议》法律人1217号47页以下等。该特殊协议在无追索权贷款中也有运用［山田・前注49页］。此外信托方面由于新信托法导入了限定责任信托的制度（信托法216条以下），今后是否还会继续运用该特别协议上不明朗］。

第二章　证券化方案中 SPV 的防破产措施

主张，则②的约定也就可以在 SPV 的破产程序中主张。假设偿还期限是因 SPV 破产而到期的[53]，截至破产程序启动时，只要未偿付的金额超出责任财产，则债权放弃便会在实体法上生效。而这个效果自然而然地会成为破产程序的前提。[54]于是当投资人的权利被压缩在责任财产的范围内时，除非存在其他大额债务，否则 SPV 资不抵债的状态便会在这个节点上消灭，结果就是限定责任财产特别协议的这个条款在这里具备了防破产措施的性质。当然此类债权放弃的效力是否在任何情况下都被认可还是需要讨论。特别是该项权利放弃在达成协议时未必能明确放弃的内容（债权金额等）这一点会被作为问题提出来。而这种不明确的意思表示是否有效本身也仍存在疑问。[55]在此，首先该规定的对象是债权放弃这种单务性质的不利事项，其次以一般投资人为对象时该项意思表示是以约定形式从一般个人处获取的。这么一来可以发现其有效性还是存疑的。因此在方案的层面上讲仅靠②的约定还谈不上万无一失。这一点也被认为是附带①和③这两项约定的理由。尽管这还需要从实体法理论的角度进行讨论，但这种认识就目前而言还是较为妥当的。

---

[53] 但如果当事人的意思解释中未明确这一点的话，建议在特别协议中明确偿还期限到期时放弃申请启动破产手续之时的剩余债权。

[54] 该问题参考金融法委员会·前注（注52）9页。

[55] 民法第519条的解释中似乎没有将这一点作为问题提出来过。这可能是因为以往放弃债权都是以和解为契机的一个即时性确定性的行为为前提的。而不起诉协议尽管与放弃债权不同，但在放弃强制实现债权这一点上存在共性。对此在民事诉讼法的原则上一般在承认其有效性的同时认为仅限"特定或一定范围内的纠纷为对象时"有效（参考竹下守夫《不起诉协议和撤诉合同》《民事诉讼法的争议点》158页等）。由此可见限定责任财产特殊协议虽然有责任财产这个限制框架，但债权额实际能扣减多少仍不明确，其有效性尚存疑问。

在此①和③的约定最终则是形成一个将执行对象财产限制在债务人的部分责任财产范围内的协议。这属于民事执行法中规定的"以仅对特定或特定种类的对象（财产或财产集合）执行或不执行为内容的协议"，其作为责任限定合同的有效性被广泛认可。由于违反对债务人利益的强制保障，扩大执行合同一般不被认可。但相对地，由于对债权人的保护没必要扩展到违背债权人意思的程度，所以包括责任限制合同在内的执行限制合同的有效性是得到广泛认可的。[56]虽然与第三方之间的责任关系将部分财产从责任财产的对象中划出的协议违反禁止冻结财产相关的法律规定，但考虑到此类合同只是限制债权人无法对特定财产申请执行，所以应该没有问题。如前文所述一般投资人放弃破产程序启动申请权的协议可能会违反公序，但限定责任财产特别协议则是在保留破产程序启动申请（以及执行申请）的救济手段的同时将救济的范围限定在一个合理范围内的协议，不违反以对方特征为依据的一般公序。基于与民事执行的关联性，上述特别协议通常被认为是有效的。[57]

如果承认上述协议在个别执行的情况下有效，那么也可以认可其在作为整体执行手段的破产程序中的效力。也就是说形式上该协议并不是双务合同，财产管理人等不能单纯以破产程序启动为由退

---

[56] 参考中野贞一郎《民事执行法》（增补新订5版）80页（这是一种较普遍的意见）。此外作为违反执行限制合同时的救济措施，有执行异议和请求异议这两种方法论。现在判例中多运用后者［参考最判1993年·前注（注40）、最判2006年·前注（注40）］。但在限定责任财产特别协议中，债权人对非其责任对象的财产申请强制执行时，债务人或以该财产为责任对象的债权人作为第三方可以提出异议进行对抗［参考中野·前注81页、金融法委员会·前注（注52）7页］。

[57] 参考金融法委员会·前注（注52）7页（同7页以下围绕限定对象财产的范围讨论了特别协议的效力是否涵盖对象财产的处分对价及该财产的成果）。

出该协议。实际中该协议也仅是对债权人不利（减少偿付分配）的特别协议，并不会对其他程序债权人带来任何不利影响。此外签订特别协议的债权人在接受对应责任财产的偿付分配时与其他债权人享有同等地位，只是受分配的对象财产不同而已。因此不违反债权人平等原则。当然这样一来在变卖和分配时需要对按特别协议的对象财产进行区分，程序流程会因此而更加复杂。但并不能以此来否定特别协议的效力。就结果而言（实质性的债权放弃的效力得不到认可时）虽然针对SPV的所有财产启动了破产流程，但在分配阶段每个债权人都会得到对应的责任财产范围内的分配。(58)

然后我们再从原理的角度出发对此类协议提出一个疑问。即实 56
际中这类协议是不是在规避法人相关的法律限制和担保相关的法律

(58)　假设破产基金由资产A（400万日元）和资产B（800万日元）组成。另有未约定限定责任财产特别协议的债权人X（债权额300万日元）、就资产A约定了限定责任财产特别协议的债权人Y（债权额700万日元）以及就资产B约定了限定责任财产特别协议的债权人Z（债权额800万日元）。此时的分配方式有三种可能性。第一种：首先安排X的分配额。按总资产（1200万日元）与总债务（1800万日元）计算分配比例，得出X的分配额为200万日元。然后将各项资产中的折算余额分配给Y（333万日元）和Z（667万日元）。第二种：先将X的债权按各项资产的价值进行分割后与竞争债权人平等受偿。此时资产A中对应的债权人为X（100万日元）、Y（700万日元），资产B则为X（200万日元）、Z（800万日元）。最终的分配结果是X［210万日元（50万+160万）］、Y（350万日元）、Z（640万日元）。第三种：X以其全额债权参与各项资产的分配［参考金融法委员会・前注（注52）11页注12（中的方法1）］。此时资产A中对应的债权人为X（300万日元）、Y（700万日元），资产B则为X（300万日元）、Z（800万日元）。最终的分配结果是X全额受偿300万日元，Y约294万日元，Z约606万日元。哪种方法更合理在此暂不做评价。金融法委员会・前注（注52）中提及了应该采取怎样的约定来实现特定分配方式。山田・前注（注52）49页以下就该问题进行了详细讨论（第二种思路相当于“对每项对象资产设定了抵当权”；第三种思路相当于“每项对象资产都相互独立”）。

限制。也就是说将A组的财产归为对应X组债权人的责任财产，将B组的财产归为对应Y组债权人的责任财产的做法实际上会产生的法律效果与以A组的财产设立法人A，以B组的财产设立法人B的法律效果相同。同时这种做法也类似于将资产A作为X的担保，将资产B作为Y的担保[59]的情形。由此会产生这样一种疑问。即通过合同来创造这样一种法律关系构不构成对通常认为是强制法规的（有限责任）法人相关的规定和担保相关的规定的规避。

然而即便法人相关的规定具有强制法规的性质，其主旨只在于防止与拥有独立人格的法人进行交易的对方遭受意外损失。在合同中明确地限制（某具有独立人格的法人的）责任财产的范围并不会对交易对方造成意外的损失。[60]而担保权的强制法规性通常以民法第175条的物权法定主义作为其依据。但本文中法律关系仅仅只是在约束当事人之间的关系，并非物权性质的问题。即便假设其存在类似物权的机制，各类非典型担保的存在已经足以说明物权法定主义在担保权问题上并不能充分发挥作用。因此我们不能以规避法人人格或担保权相关规定为由来否定限定责任财产特别协议的有效性。

最后我们再进一步通过①—③的约定来讨论一下违反公序的问题。特别是以可能会与零散的个人投资人签订该协议为前提，还是需要讨论一下是否存在所谓的保护性公序的问题。但是在这个问题上，作为一个认可投资人对对象资产拥有实质性的优先性的同时

---

[59] 但是从X无法追讨B资产而Y无法追讨A资产的角度来看，其产生的效果大于设定担保。

[60] 该问题可以参考神田秀树《株式会社法的强制法规性》法学教室148号86页以下。文中针对会社法规定的强制法规性的意义和范围进行了详细的讨论。

又认可投资人对其他资产的劣后性的框架,此类合同是具有实效性的。(与禁止对包含责任财产在内的所有财产行使强制放弃破产程序申请权及不执行特别协议相比)对投资人而言具有合理性。此时④的约定的存在就尤为重要。即该约定给予了投资人事实上对对象资产的优先性,是对①—③给投资人带来的劣后性的补充。如果只有投资人自身的投资被限制了责任而原始利益人及金融机构等债权人却可以自由地对所有投资行使权利,那么确实违反公序。因此与个人投资人等签订的限定责任财产特别协议的有效性取决于能否与其他投资人及投资人以外的债权人签订放弃破产程序申请或不执行该责任财产的特别协议以避免其申请破产程序和个别执行。如果没有签订此类特别协议或者存在不受特别协议约束的债权人(例如非法行为债权人等)时[61],投资人也可以解除限定责任财产特别协议。[62]我们可以以此为前提来肯定限定责任财产特别协议的效力。

(三)限定责任财产特别协议的实效性

限定责任财产特别协议实效性的关键在于,该特别协议能否防止投资人申请启动破产程序,以及一旦未能防止,则能否在破产程

---

[61] 当然不能因为出现小额的或少数的不受特别协议约束的债权人而同意解除限定责任财产特别协议。不受特别协议约束的债权人的债权金额与其他债权人相比较其规模较小时,或者不受特别协议约束的债权人还未着手回收自己的债权时,投资人主张解除上述特别协议的做法属于滥用解除权,不会产生效力。

[62] 此时如果事前披露未约定特别协议的债权人导致的侵害的可能性的话,也可以否定解除权。此时投资人是充分考虑了风险而进行的投资,所以对解除权的否定并不违反公序。强调基于信息披露的自主责任的思路确实很有吸引力,但不能否认投资中预期是有局限性的。我不认为当出现大额的不受特别协议约束的债权人时仍应该以特别协议来约束投资人。现阶段最好还是仅将此类披露作为判断是否滥用解除权(参考前注)的一个重要因素来帮助分析。

序中贯彻责任限定。

首先在防止申请启动破产程序方面，不执行协议的存在能否涵盖放弃破产程序启动申请权确实是一个问题。但对责任财产的限定令责任财产范围内的强制执行成为可能，进而可以解释为允许申请启动作为整体执行手段的破产程序。然而在这种情况下由于破产程序在制度上不存在仅针对部分财产的概念，所以被启动的破产程序只能是以债务人的全部财产为对象的。因此此类特别协议本身是不能阻止启动破产程序。[63]

其次破产程序启动后限定责任财产特别协议是否有效呢？[64]如果将其视为实体法上具有效力的合同，那么可以将该债权的实体属性理解为将债权的偿付限制在债务人的一部分资产的范围内（某种具有局限性的然债务），那么破产程序中的分配也可以理解为局限于该部分责任财产。另一方面如果将其解释为纯粹的程序性协议，那么与个别执行的情形不同，该特别协议的效力在破产程序中并不会构成问题。在此就涉及该特别协议的主旨的问题，如果说目前一般论调和判例支持都将申请异议作为执行限制合同被违反时的申诉手段的话（参见注56），也就意味着认同此类协议具备实体性的效力。进而可以解释为在破产程序中责任限定的主旨也会得到肯定。在此基础上，由于投资人即便申请了破产程序也无法获取来自其他资产的偿付，由此也会降低投资人申请启

---

[63] 当然该特别协议的前述②部分的效力得到认可的话，那么申请启动破产手续可以带来消除资不抵债之状态的效果，申请也就有可能被驳回［参考（二）］。

[64] 在此除特别协议的对象投资人申请破产程序外，因自主申请、准自主申请、非放弃启动破产程序协议对象的债权人的申请而启动破产程序时也会有同样的问题。

动破产程序的积极性。

综上可见限定责任财产特别协议具备充分的有效性和实效性，能有效成为与投资人之间构建的具有实质性的防破产程序措施来替代放弃破产程序启动申请权特别协议并发挥作用。

山本和彦／一桥大学法学部教授

第三章　利率管制和贷款业限制给贷款债权证券化造成的影响

品谷笃哉

最高法院于2006年1月做出了3[*]个与贷款业限制相关的判决。在这3个都以丧失期限利益特别协议和视同偿付的有效性为争议焦点的判决中，法院的判断着重于多重债务问题的应对。但这些判决的影响绝不仅仅局限于贷款人和借款人，还可能涉及贷款债权证券化。在需要讨论会不会造成影响、造成影响有多大时，去正视3项判决内含的逻辑上的疑问，首先需要充分地去推导一下3项判决的意义。

---

[*] 本章出现3个判决、3项判决等带数字的表述，均指日本最高院专指贷款相关案例组合，具有判例法意义。最宜保持译者用阿拉伯数字表述，这与日文表述相同，更方便专业读者阅读。未改为中文数字，特此说明。

一、问题的根源

想必各位都能体会到近年来资金筹措方式的多样化及其发展。股票、发行公司债及银行贷款等传统的资金筹集方式也呈现多样化的趋势。①但基于资产证券化的资金筹集方式的发展和普及不仅促

---

① 马上可以想到的便是公司法领域中的2001年商法修订对种类股票制度及新股预约权制度的整理、2005年公司法中允许股权公司发行公司债等资金筹措方法多样化等例子。此外回顾围绕CP的法律性质从汇票到短期公司债的转变过程,从中可以找到对于汇票连续性和相对性的启示。不仅如此,联系非参与累积优先股及利益参与性公司债中反映出来的股票与公司债的连续性和相对性也可以推导汇票与股票的连续性和相对性。比如在形式上好比对非参与累积优先股中附带了全部决议权限制和获取请求权的股票。该请求权如依据公司法108条2款5项的规定以107条2款2项规定的对价为确定金额,以对同项规定的获取请求期为确定日,则可以将汇票中的金额及期限反映到股票的内容之中。当然如果和汇票一样作为有价证券发行股票,则该股票为无记名证券(公司法128条1款)。由于难以实现与在法律上得以明确的指示证券(汇票法11条1项)、禁止指示汇票(汇票法11条2项)一样的流通方式,因此也只能讨论权利内容中汇票和股票的类似性。当然空白背书或收票人空白的汇票具有无记名证券的性质,这点与无记名证券的股票相类似。

而银行贷款方面无抵押贷款可以作为一个资金筹措手段多样化的案例。协调人组建共同融资、设定贷款条件、招募投资人、起草合同书以及协调借款人和共同融资银行以及代理人合同条款履行的管理和本金利息的支付等工作都是传统银行融资中未必会有的流程。关于无抵押贷款问题,作为利息限制法以及规范接受出资、存款以及利息等的相关法律的例外,1999年制定了特定融资额度相关法律。

第三章　利率管制和贷款业限制给贷款债权证券化造成的影响

进了其自身易用性的提升，推动了法律法规的修订②，还不断在构建并完善以资金需求方经营的事业和被证券化的资产为对象，在兼顾了行业法规限制对策的同时，还能照顾到资金提供方需求的各类细分的单项资金筹措方案。③

贷款业同样存在这些证券化的相关举措。除了和其他行业一样需要资金用于设备投资和作为营运资金之外，对于贷款业而言金钱本身也具有商品性质。俗话说得好，"贷款人也是借款人"，贷款业对于资金需求是其事业内生的特征。当然也就会去尝试将资产证券化作为一种筹措资金的手段。就如下文所述，如何避免私法和行业法规对贷款业的限制成为证券化的阻碍的措施也是一直以来的讨论对象。

众所周知最近关于贷款业相关限制的讨论非常活跃，是关于贷款业限制相关法律在2006年的修订（以下称"06年修订"）及修订前的问题开展的讨论。④以金融厅和执政党的立法为对象的讨论在聚焦于贷款方和借款方的对立构造的同时，其论点还从贷款业的限

---

② 例如1998年制定的特定目的公司的特定资产流通化相关法律及关于债权转让的对抗要件相关民法例外的法律，前者于2000年进行了修订而后者于2005年进行了修订。同时前者的名称变更为资产流通化相关法律，后者名称变更为关于动产及债权的转让的对抗要件相关民法例外的法律。由此可见两者修订的重要程度。

③ 例如不动产投资基金一般会以运用投资法人和信托作为基础，在获取货物优惠上下功夫，以求提高金融商品的吸引力。而飞机租赁业方面除SPC之外还会运用隐名投资人，并在利益和损失匿名归属投资人的时期上下功夫。

④ 但在探寻当今讨论议题的出发点时会发现有些议题在其形成前就已经被认识到了。2003年制定的规范接受出资、存款以及利息等的相关法律的修订负责12条1款中就规定，以修订案实施后第3年为期，就新贷款业法规定对贷款业制度的定位以及出资规范5条2款规定的上限利息等问题做必要的修订。

制逐步扩展到利率的限制，甚至于特例高利率等问题上。[5] 受媒体关注的影响[6]，整个讨论可谓是"百家争鸣，九转千回"[7]。

---

[5] 金融厅2005年3月召开了贷款业制度等相关恳谈会。2006年8月24日的第19次会议上为起草基本草案对执政党在7月6日通过的《基本思路》进行了讨论。其中事务局和金融厅的说明里可以提取出以下论点（参考http：//www.fsa.go.jp/singi/singi_kasikin/gijiyousi/20060824.html）。

准入限制、再无限制、广告邀请限制、过度贷款限制、贷款业协会的自主限制、债权收回限制、说明义务、视同偿付废止后合同文本交付的可否、书面填写内容及电子化、业务改善命令制度导入的可否、为防止过度贷款强化信用信息机构的只能与个人信息保护、信用信息机构一元化或信息交流、卖方信用信息与贷方信用信息一元化、信用销售公司等准贷款业主体的应对、还款能力调查义务、每家公司限制50万日元等过去的指导文件的法定化、贷款总额的计算方法、循环支付贷款的说明义务、循环支付贷款的每月最低支付额·最长还款期限限制与商品性、具体的降息措施（①像利息限制法那样按金额去划分出资法的利息限额，会导致贷款金额决定是否构成犯罪，可能令刑事处罚的构成要件缺乏明确性；②一刀切地定为20％则考虑到与15％及18％的关系会产生新的灰色地带；③有没有积极的理由来完全统一民事上的无效和刑事处罚的对象；④提高利息限制法中每档的划分金额；⑤在一律拉低利率时避免借款方陷入困境的特例措施；⑥将应对措施指向短期·紧急的实业主体而非小额的消费者；⑦利息限制法新利率落地前的缓冲措施；⑧利率范围，ATM手续费、税费、保险费，代理手续费等；⑨降息日程的具体化等）。

此外还有安全网络的问题、多重债务的解决体系以及地下金融的对策等问题。由此可见贷款业相关的课题范围之广内容之深。而且利息限制和特例高利率仅仅只是众多论点中的一个而已。

[6] 比如2006年10月25日日经财经新闻头版。政府和执政党原本在最初的限制法案中加入的特例高利率被搁置的新闻反映了贷款业限制的立法工作正在迷失其方针。基于过去的导论来看看文中以下几个现象①贷款业主体对特例高利率政策的反应略显冷淡；②在讨论的聚焦于特例高利率政策对错的同时，以筹措资金有困难的需求者为对象的对策问题上却缺乏讨论。在初期方案中加入特例高利率的金融厅难辞其咎；③当以政府提供的融资来应对需求者时，会导致巨额赤字问题缺乏讨论；④贷款业制度等相关恳谈会委员关于限制强化方面迟早还是需要做大幅度重新整理的发言。

[7] 金山直树《利息限制立法的定位》银行法务21第669号（2007年）第12页。

第三章　利率管制和贷款业限制给贷款债权证券化造成的影响

06年的新法修订为这场讨论迎来了一个转折点。新法修订立足于解决多重债务问题，制定了大量的措施来寻求问题的解决。例如贷款业的合规化，遏制过度贷款和利率体系合理化等。[⑧]同时公布了今后多重债务人问题上的工作方向。[⑨]然而将修订前被提出来的问题和在修订中得到应对的问题相比较就会发现确实还有很多课题未得到解决。不仅如此2006年1月最高法院做出的3项判决［最（二）判06·1·13民集60卷1号1页，最（一）判06·1·19判时1926号23页，最（三）判06·1·24判时1926号36页。以下合称"3项判决"][⑩]也带来了一个重大的课题，成为这轮新的讨论的导火索。如果以新法修订为转折点，那么3项判决与新法修订的关系就形成了一个新的问题。如下文所述3项判决的论点聚焦于丧失期限利益特别协议的效力上。而多重债务人对策与丧失期限利益特别协议的效力这两个论点在逻辑上也并不构成必然

---

　　⑧　简单列一下具体的应对措施，不做展开。首先在贷款业合规化上采取了严格贷款业准入条件、强化贷款业协会自主限制职能、强化行为规范、导入业务改善命令制度等措施。其次在抑制过度贷款中设立了制定信用信息机构制度、导入了总量限制等。然后在利率体系合规化方面采取了降低利率上限、明确利率概念、废除日结贷款业及电话担保金融的特例业务等措施。此外在强化黑市金融对策方面加强了针对超109.5%的超高利息贷款及未注册无经营资格等问题的罚则。

　　⑨　修订后金融厅自2007年1月设立了多重债务人对策总部专家会议。至同年4月共举行了六次会议并于4月9日发布了意见汇总书（http://www.fsa.go.jp/singi/tchosaimu/01.pdf）。

　　⑩　3项判决公布当初有过多次关于贷款业制度等问题的恳谈会讨论。3项判决后的2006年1月27日的第9次会议中恳谈会事务局就3项判决进行了说明。由此可见3判决造成的影响的即时性不可忽视，恳谈会也立即将3项判决拿出来进行了讨论。

联系。多重债务人相关的立法未必直接影响3项判决的意义和3项判决中引用的法律规定的效力，但在新法修订后的当下仍有必要对3项判决进行探讨研究。

此外新法修订和3项判决不仅会规范贷款业主体与顾客间的关系，也可能会影响到作为资金需求方的贷款业主体与资金供应方之间的关系。新法修订和3项判决所展示的新的法律规则完全可能会导致贷款业主体经营恶化，从而导致股票、公司债券发行以及银行贷款等资金筹措变得比以往更加困难。[11]不仅如此还可能对基于证券化的资金筹措也产生影响。在对贷款业主体的资产也就是贷款债权进行证券化的过程中少不了对该贷款债权的转让。此时新法修订和3项判决会对贷款债权的转让造成怎样的影响呢？如果会带来不合理的或是不利的影响，那应该如何去把握和理解新法修订和3项判决所体现的规则呢？

本文基于以上问题和关注点，围绕近期与利息限制以及贷款业限制相关的立法和判例对贷款债权证券化带来的影响，提取两个课题来简单讨论一下。即涉及贷款债权证券化的贷款业24条2款，以及会对证券化的对象资产即贷款债权的缩减和消长造成影响的贷款

---

[11] 贷款业主体上市时应披露的事项中包括有价证券报告书第3号格式中的《2业务情况》《4业务等的风险》。以提及2006年1月13日最高裁判决的3月期结算相关的有价证券报告书填写内容为例，参考 http://www.takefuji.co.jp/corp/fllcldt/pdf/vp39.pdf。由于是持续性披露思想，所以包含整合模式（金融商品交易法5条3款）和参照模式（金融商品交易法5条4款）等模式。还包括发行披露中有价证券备案书的披露事项。

业43条1款⑫这两项法律适用的问题。下文中会首先确认贷款债权证券化的基本构造，然后总结过去对上述两个问题的处理方法并在回顾近期围绕利息限制和贷款业限制的相关立法工作后来试图明确一下当前面临的课题。⑬

二、借款债权证券化的方案

众所周知资产的证券化并没有特定的方案。单一个SPV就有SPC、信托、特例有限公司或合伙公司等多种形式的工具，更不

---

⑫ 贷款债权的证券化·流动化原本就存在一些其他的论点。例如设定授信额度反复提供持续性贷款的信用卡现金贷款债权的证券化。①该债权的法律结构（个别债权余额论及准消费贷款论）；②信用卡现金贷款债权池本金余额的变动与ABS偿还本金之间的逐渐明显化的差额所导致的差异部分的消解方法等问题都在被积极讨论。参考西村综合法律事务所《金融法大全（下）》（商事法务、2003年）129页。此外假如导入总额限制来抑制过度贷款的话③可贷出额度、信用卡现金贷款债权池的本金余额以及ABS的偿还本金这三者之间的关系也是个问题。

研究2006年修订对金融实务造成的影响的文献有小林秀之＝中崎尚著《贷款业限制法的修订与金融实务——围绕对无担保贷款的实务带来的影响》银行法务21第669号（2007年）4页。

⑬ 本文讨论的对象仅限于贷款债权的证券化。对于真实买卖、破产隔离等以及证券化交易的常规问题等仅在必要的范围内简单提及。此外本文中的贷款债权是指贷款业2条规定的贷款业所产生的贷款债权。因此主要对象为消费者贷款债权以及工商贷款债权，放贷等其他贷款债权不是本文的讨论对象。而只要是贷款业产生的债权，即便是提供现金服务的信用卡公司等准贷款业主体拥有的贷款债权也是讨论对象。

用说运用多个SPV的方案。考虑到方案的多样性，在讨论贷款债权证券化时将对象局限于某种方案反而会令探讨的内容缺乏灵活性。有鉴于此，下文中会以最普遍最基本的方案为前提来讨论证券化交易。

下图就是一个通常的证券化交易方案。贷款业主体作为原始权益人在将贷款债务转让给SPV的同时作为服务商从客户处回收本金利息。在这种方案中贷款业主体在转让债权给SPV时适用贷款业法24条2款，而收回本金利息时适用贷款业法43条1款。以下先回顾适用24条2款所产生的问题和之前对该问题的处理方式。

（一）贷款业24条2款的适用

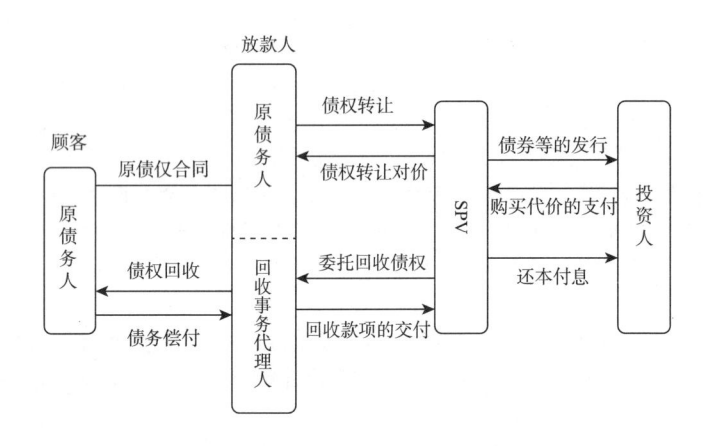

贷款业限制等相关法律中作为贷款业主体的义务17条规定了向贷款人交付合同文本，18条规定了向贷款人交付收款凭证。这就是所谓的书面主义。出于保护借款人等目的的考虑，为避免出现通过债权转让来规避文本交付义务的情形，贷款业24条2款规定了17

条和18条等的规定同样适用于债权受让人。⑭依据该条款规定当贷款业主体将贷款债权转让给SPV时除17条所规定的事项外SPV还要向债务人提供一份记录了债权转让日和转让金额的书面文本。在得到偿付时SPV也一样需要向债务人提供一份记录了18条规定事项的书面文本。虽然这些规定旨在保护债务人免受债权受让人的预料之外的履行请求，但SPV向大量债务人交付书面文本的义务也可能成为实务上的负担，从而阻碍证券化的发展。

  作为应对上述忧虑的对策一直以来有两种意见。一种是在贷款业主体向客户提供金钱贷款时签订的金钱消费借贷合同书和17条规定文本中写明24条2款的规定事项。⑮在放贷时预先写明，就不存在预料之外的履行请求了。这确实是一种对策，但24条2款中规定除受让人的商号、名称或姓名外还要写明债权转让的具体日期和

---

⑭ 24条2款是对17条或18条补充表达的条文。比如对17条1款补充表达后的条文如下：

依据贷款业主体的贷款相关合同受让债权之人应在受让该债权时立即依据内阁府令的规定对照下列各个项目向对方交付明确了该受让债权内容的文本。

1.债权的受让人及签订了该债权对应贷款的相关合同的贷款业主体的商号、名称或姓名地址；

2.债权受让年月日及签订该债权对应贷款的相关合同年月日；

3.贷款金额和受让债权的金额；

4.贷款利率；

5.还款方式；

6.还款期限和还款次数；

7.有赔偿金额（包括违约金）的相关约定时，其具体内容；

8.系日结贷款业主体的，注明14条5号所列事项；

9.内阁府令中除上列各项外的事项。

⑮ 参考西村综合律师事务所编·前注（注12）127页。

转让债权的额度。如果要在放贷时写明信息则必须要在放贷时就确定放贷后进行的债权转让中的受让人、日期以及金额。这最终会导致贷款业主体资金调配的选项受限。当然也可以在填写方式上下下功夫。例如在文本中加入内容为债权转让的受让人、日期及金额可能会不经通知予以变更的条款。然而这也会导致债务人即客户会面临预料之外的履行请求。结果仍旧要在一定程度上确定债权转让的受让人、日期及金额⑯，无法避免由此带来的不便。

不仅如此，对照24条2款的规定来理解17条1款时会发现，法律要求受让人应在受让后立即交付文本。考虑到放贷和转让之间的时间差，这无疑是一种在实际中难以实现的解决方法。即便有方法运用，从17条1款本身也有内容为立即交付的规定，这么一来就只限于贷款业主体已预定放贷后马上转让贷款债权的情形。除此之外的情形下受让人必须履行交付文本的义务。

此外关于保护债务人免受预料之外的履行请求的问题，也有通过对抗要件来应对的意见。这种思路认为在转让贷款债权时刻意不满足债务人对抗要件，转让人按原本的安排继续负责债权的管理和收回并且在转让当事人之间约定受让人自己不提出履行请求的协议，这样一来就不会发生预料之外的履行请求。⑰这样种对策下确实不会发生预料之外的履行请求，但受让人实际能否提出履行请求则受贷款债权转让当事人之间的约定所左右，根据约定的内容受让

---

⑯ 具体要明确到什么程度依据17条中对文本填写内容所要求的准确性和明确性。参考森泉章编著《新·贷款业限制法》（劲草书房、2006年）182页。文中明确指出对借款人而言是具体的且无歧义的，且最高裁判决（最判2004·2·20民集58卷2号475页）也要求必须是客观正确的。

⑰ 参考西村综合法律事务所编·前注（注12）127页。

人仍有可能会提出履行请求。当然债务人对抗要件不充分的话债务人可以拒绝请求。然而如果在贷款阶段借款人事先同意贷款债权转让的，则受让人将得到充分的债务人对抗要件。[18]特别是贷款采取汇票贷款的形式时，作为转让手段该汇票一旦得到背书，则债务人对抗要件也会随之得以满足[19]，以背书汇票的方式获取汇票之人也就是受让人如果违反转让当事人之间的约定对债务人提出请求时，债务人无法拒绝。能否保护受让人不受到预料之外的履行请求取决于转让当事人之间约定的问题应该怎么去看待？如果认为这是不合理的，那么今后的课题就是如何予以克服。换个角度来看对抗要件的事前承诺及汇票贷款可以理解为债务人已经理解可能会发生预料之外的履行请求。这样一来就有必要回到24条2款的主旨中来重新思考这个"预料之外的"是指什么。

另一种对策是参考贷款债权中设定转让担保的情形来进行类推。贷款债权全额供作转让担保时24条2款中规定的文本交付节点是实施时而非设定转让担保权时。[20]这是一种着眼于担保本质的符合法律目的的解释。即被担保债权的偿付期到期后担保权人行使担保权前，债权的管理等工作仍由担保权设定人即贷款业主体负责，而被担保债权一旦得到偿付则转让担保权也随之消灭。上述对策就是将这种解释类推到证券化交易中。

---

[18] 即所谓的事前承诺的问题。一般理解上是认可事前承诺的。但对于无限制地将之作为债务人对抗要件予以认可的做法也存在有力的反对意见。相关讨论的概要参考西村长盘事务所编《金融法大全更新版》（商事法务、2006年）359页。

[19] 汇票的背书不仅是汇票法14条1款中的一个转让方法，也是民法569条中对抗债务人及第三方的对抗要件。

[20] 森泉章编著・前注（注16）251页。

这种对策在着眼于问题的实质具有合理性。当然为确保合理性该对策着眼于24条2款的实质而非其形式，可以说是做了选择。如果质疑这种选择的对错，则基于24条2款的文本交付的数量之大导致的手续烦琐和缺乏经济效益会成为对抗意见的论据。再者，假如出现这样一种意见，它通过指出别的论据来主张应着眼于24条2款的形式而非实质内容，那又会陷入诡辩性质的价值判断。

同样的问题也会出现在能否进行类推的争论中。对于转让担保的解释着眼于担保这个实质而非买卖这个形式。那么证券化交易呢？其实质同样也是担保吗？考虑到在证券化交易中原始利益人对SPV的资产转移是否属于真实买卖的问题需要严肃地予以甄别，还是需要慎重对待这种仅靠类推来强调形式上虽然是买卖但实质为担保的解释。[21]

需要注意以上所有对策都立足于对24条2款的解释。目前对于24条2款的规定的文本交付时间及填写内容、该条款的主旨以及作为该条款适用对象的转让等的相关理解不能只看法条的表述，需要基于针对24条2款的符合其法律目的的解释来推导。因此要注意目前的这些对策及其理由解释都可能受近期利息限制及贷款业限制相关的立法工作及判例的影响而改变。

（二）贷款业43条1款的适用

众所周知将收取的利息中超出利息1条限制的部分作为视同偿付的有效性在原本的贷款业43条1款中是被支持。具体指的就是超出利息1条规定的15%至20%，截至规范贷款业主体的出资取缔5

---

[21] 换个角度来看就需要对证券化交易中绕不开的真实买卖的意义予以充分且必要的明确。

第三章 利率管制和贷款业限制给贷款债权证券化造成的影响

条2款规定的29.2%（即所谓的灰色地带）的部分。由于视同偿付是有效的，所以在贷款债权证券化过程中灰色地带部分的利息也会作为回收款项由服务方转让给SPV。而在SPV发行ABS时虽然会评估债务人的坏账风险，但由于灰色地带部分的利息的转让本身在43条1款中得到了正当化，所以一般认为不存在风险。

但视同偿付的有效性一旦被否定，那么以往的此类处理方式会怎样呢？在我马上能联想到的范围内举例的话，在贷款债权证券化的背景下可能会产生以下的影响。

①原本的视同偿付部分将不被偿付，很难作为回收款项由服务方转让给SPV。对SPV发行的ABS而言就是预期收益率下降和ABS评级下降。对投资人而言则是出现了一种新的风险。

②回报率会下降多少？基本上灰色地带部分的利息自发生起的时间长短不同会导致抵充本金的金额以及有无多付款归还请求权及其金额也会随之不同。时间越长且灰色地带部分利息的金额越高则抵充本金的金额就会越大。但同时借款人行使多付款归还请求权的可能性以及请求金额也会随之增加。[22]这里的问题在于本金债权和过多付款归还债务的归属。如果将之严格定义为真实买卖，如果认为将债权转让给了SPV的贷款业主体只是一个单纯的债务回收业务的承包人即服务方的话，本金债权和多付款的归还债务应归属SPV。SPV受让的资产即贷款债权会随着多付款对本金的抵充而减少，此时还要负担多付款的归还债务的话，对投资人还本付息将变得困难进而导致SPV陷入债务违约的境地。

---

[22] 此处的问题在于多付款返还请求权的时效问题。例如循环支付贷款中接受了相当长时间的贷款且一直在支付灰色地带部分的利息时，其时效的开始时间不同会导致请求金额的巨大变动。

③以上情况起因于认定SPV是多付款的归还债务的被请求人。而这种认定最终会让投资人承担不可预期的法律风险，这样看似乎不合理。在此为了避免风险波及投资人或许可以把贷款业主体代入到多付款的归还债务的被请求人的位置上。当然在证券化方案中我们依旧把贷款业主体定位成债务回收业务的承包人即服务方，在此前提下让多付款的归还债务归属于服务方时，此时该证券化方案是否属于真实买卖就可能要打上个问号了。

④为了能在解决这些疑问的同时为投资人确保一定量的回报，我们可以考虑在债权转让时加入一个特别协议来限定多付款的归还债务部分的请求由贷款业主体承担。也就是在证券化的基本方案中附带特别协议的应对方式。但这样一来由于贷款业主体必须列支必要的拨备来应对特别协议从而导致结算亏损。贷款业主体甚至可能会因此破产[23]，即便未达到破产程度也难以规避债务的增加。债权转让原本可以实现资产负债表的精简化，但由于新风险的出现导致被精简的资产负债表中又添加了新的负债。

⑤以上不利因素皆起因于贷款业主体转让债权。同样是贷款业主体，信用卡公司那样转让的是买卖货款债权而非基于现金服务的贷款债权时就能够规避此类问题。具体而言就是通过明确区分贷记部分和现金部分来寻求解决。但这种对策是以区分卖方信用和买方信用为前提的。当我们着眼于经济效应的相似性从防止多重债务人的角度出发会发现，区分两者的做法本身就存在疑问。当然如果能维持贷记部分和现金部分两者合并的额度上限，似乎也能实现防止

---

[23] 因经营不善已有不少贷款业主体相继倒闭。2007年9月14日在东京证券交易所第一部上市的某中坚消费金融公司申请适用民事再生法。参考日本经济新闻2007年9月15日附早报头版。

多重债务人的效果。但这么一来从防止多重债务人的角度出发就必须要讨论一下使用额度上限的总量限制问题了。这是一个不同于借款金额的问题。

以上①至⑤是假设将出资取缔5条2款中的利率上限下调到20％时对债务证券化产生的影响。虽然实际中证券化时会产生怎样的影响是另一个问题，但不可否认这将产生一种无法忽视的影响。而这种影响的原因也就是利率上限下调已经制订在2006年修订之中只待实施。不仅如此，现实中2006年的3项判决前置性地实现了修订案实施的效果。那么3项判决里到底体现了怎样一种判断呢？接下来我尝试着对3项判决做一个分析研究。

三、2006年的3项判决的影响

（一）事实关系与判决的主旨

我们先确认一下3项判决的事实关系。第一个是最高裁2006年1月13日的判决（民集60卷1号1页），案件大致内容是依据贷款业3条规定登记注册的贷款业主体以适用贷款业43条为前提要求债务人及保证人支付贷款本息的余额。第二个是最高裁2006年1月19日的判决（裁时1404号1页），案件大致内容是同样依据贷款业3条规定登记注册的贷款业主体对连带保证人提起履行连带保证债务请求。最后是最高裁2006年1月24日判决（裁时1404号19页），案件大致内容是两名债务人以已支付利息中发生了超出利息1条1款规定的利息上限部分可用于抵充本金的多付款为由，基于不当得利归还请求权对日结贷款业主体提起多付款归还请求。虽然事实关系和请求内容均不相同，但争议都聚焦于丧失期限利益特别协议的效力。

基于这些事实关系最高裁做出如下判断。内容较长但3项判决的主旨基本一致，在此引用2006年1月13日判决如下：

法律（著者注：贷款业限制等相关的法律在判决中称为"法律"）43条1款规定如果债务人根据贷款业主体的金钱消费借贷业务项下利息合同的约定所支付的利息金额超出利息限额，即便贷款业主体遵守了交付义务，交付了符合规定了贷款业相关业务限制的法律17条1款和18条1款中规定的各项要件的各项文本时，也只有当该项付息是基于债务人的自由意思的情况下才可以作为例外，不论利息限制法1条1款如何规定，超限额部分的支付将被视为对有效利息债务的偿付。鉴于"以确保贷款业主体业务的正常运营，保护资金需求方利益等为目的的对贷款业做出必要限制等的法律"的主旨和目的（即法律1条），对于法律43条1款规定的适用要件需予以严谨地解释（参见最判2004·2·20民集58卷2号380页、最判2004·2·20民集58卷2号475页）。

由此出发，法律43条1款中所述'付息是基于债务人的自由意思'是指债务人在理解该支付会被用于利息合同项下付息的前提下，出于自己的自由意思进行的支付。可以解释为无需债务人认识到支付的金额超出了利息限额或该超额部分的合同是无效的（参见最高裁判例1990年1月22日民集44卷1号332页）。但当债务人事实上是被迫支付超过利息限额部分的金额

第三章 利率管制和贷款业限制给贷款债权证券化造成的影响

时则不应视为基于自由意思支付超限额部分的金额，也就不具备43条1款的适用要件。

本案中丧失期限利益特别协议如具备其与其表述一致的效力，那么一旦上诉人未在支付期限内支付包括超限额部分在内的约定利息，则自然会丧失对本金的期限利益，导致其不仅要承担一次全额付清剩余本金和应计利息的义务，还要承担支付每年剩余本金29.2%的延期赔偿金的义务。这样的结果等于是强制要求上诉人为了避免丧失期限利益等不利的情形而不得不去承担支付原本利息限制法1条1款中规定无须承担的超限额部分的利息。这种情形违背该法规的主旨，不应得到支持。正确的理解应该是本案丧失期限利益特别协议中上诉人未在支付期限内支付超限额部分时丧失期限利益的部分违反同款法条的主旨约定无效，上诉人在支付期限内支付了约定的本金及限额内部分利息时，即便未支付超限额部分的利息也不会丧失期限利益，仅限于未在支付期限内支付约定的本金及限额内部分利息时丧失期限利益。

本案中的丧失期限利益特别协议在法律上部分无效，即便未支付超限额部分的利息也不会丧失期限利益。但该特别协议的存在通常会被债务人错误理解为如未在支付期限内支付约定的本金和包含超限额部分的利息，则将丧失期限利益，需要一并支付剩余本金并对此承担支付延期赔偿金的义务。结果导致在事实上强迫债务人为规避不利的情况而支付超限额部分利息。

因此在本案中丧失期限利益特别协议的范围内，如果债务人支付了超限额的资金用于付息，除非存在未产生上述误解的特殊情形，则不应解释为债务人基于自由意思支付了超限额部分的利息。

（二）3项判决的逻辑

我们回顾一下以上判决的论证结构。3项判决的论述如下。①首先在参考2004年2月20日的2个最高裁判决的同时考虑了贷款业1条的主旨和目的，做出了需要严谨地去解释贷款业43条1款适用要件的意见；②在此基础上参考1990年的判决认为事实上被强制支付超限额部分利息对应的金额时，不能认定超限额部分的付息是基于自由意思的，所以不满足贷款业43条1款的适用要件；③紧接着提到了误解问题，指出特别协议会带来这样一种误解，即如在支付期限内未支付约定的本金及包含超限额部分约定利息则将丧失期限利益，从而要承担支付剩余本金及对应的延期赔偿金的义务；④而这种误解最终会在事实上强制债务人支付超限额部分的利息。最后还提及了未造成误解的特殊情形。

从①到④的论证结构中可以发现多个论点[28]，但受限于篇幅无法作详细展开。在此我们聚焦于本文的关注点即贷款业24条2款及43条1款对贷款债权证券化的影响，在必要的范围内分析讨论一下3项判决。

先来讨论一下24条第2款的适用。在贷款债权证券化的背景下有很大的呼声希望24条2款规定的文本能成为书面主义的例外而无

---

[28] 比如3项判决参考的1990年2项判决与3项判决的一致程度、事实上的强制与缺乏自主性之间的关系、事实上的强制这句话的含义、误解的源头与是否适用保护等诸多问题。对此可参考拙作《所谓的灰色地带利息与丧失期限利益特别协议——3项最高裁判决（1）》月刊民事法信息238号（2006年）2页。

须再交付,同时呼吁对该条款做契合其立法目的的解释,免除对应文本的交付要求。在3项判决中能看到这样的希望吗?令人担忧的是3项判决对说明立法目的贷款业1条也进行了表述上的解释。这种对个别法条居高临下的理解会导致在引用本案所引用的法条以外的法条时也应当套用与本案相同的理解。这有损于对该法条的解释的灵活性。

关于这一点我们来看看3项判决引用的最高裁2004年2月20日民集58卷2号380页和最高裁2004年2月20日民集58卷第2号475页(以下这两项判决合称为"2项判决")。由于2项判决的判决意见几乎相同,在此就大致看一下最高裁2004年2月20日民集58卷2号380页的判决。该案中保证人以支付的贷款利息等中存在超出利息限额部分抵充本金的支付为由主张发生了多付款,要求依据贷款业3条规定已注册登记的贷款业主体归还多付款。主要争议点在于是否需要交付贷款业18条规定的收取文本。该案中贷款人已履行了文本交付的义务。是填写了18条规定事项并附上了贷款业主体银行账户汇入资金汇款单的一整套的文件,每次交付都在下一个还款日的10日前履行的。法庭上就该文本是否属于18条规定的文本发生了争议。属于,则适用贷款业43条1款中的视同偿付;不属于,则不适用视同偿付因发生多付款而要求归还的请求则会被支持。

最高裁做出如下判决意见:

法律(著者注:贷款业限制等相关的法律在判决中称为"法律")43条1款规定,债务人根据贷款业主体的金钱消费借贷业务项下利息合同的约定,基于自由意思支付的利息金额超出利息限额,即便对象合同中该超出部分依据利息限制法规定是无效的，当贷款业主体遵守了交付义务，交付了符合贷款业相关业务限制的法律17条1款和18条1款中规定的各项要件的各项文本时，不论法律1条1款如何规定，超限额部分的付息应视为对有效利息债务的偿付。鉴于'以确保贷款业主体业务的正常运营，保护资金需求方利益等为目的的对贷款业做出必要限制等的法律'的主旨和目的（法律1条）以及违反上述业务限制时的罚则，对于法律43条1款规定的适用要件需予以严谨解释。

此外超出利息限额部分金钱的支付即便是以汇款至贷款业主体的存款账户的形式实现的，除非有特殊的情形贷款业主体应依据法律18条1款的规定在每次确认收到支付后立即向债务人交付18条规定的文本。

2项判决对17条和18条的交付义务做出了严谨的理解并在贷款业1条规定的主旨和目的以及对违反17条和18条规定的罚则中寻求对上述理解的支持。3项判决也一样是在1条中寻求严谨地解释贷款业43条1款适用要件的支持。对照2项判决和3项判决的内容来看，想必基于贷款业24条2款文本交付义务很难在贷款证券化的背景下得到灵活且符合立法目的的运用吧。2项判决是将17条规定的文本和18条规定的文本作为43条1款适用要件的案例。而3项判决则是以基于自由意思的支付作为43条1款适用要件的案例。当然不论是从具体的争议点来看，还是从将43条1款作为问题核心这点来看，2项判决以及3项判决的案例与贷款债权金融化问题相对照会发现两者并不相同。就此而言，这些判例未必能作为先例供贷款债权金融化问题参考。

第三章　利率管制和贷款业限制给贷款债权证券化造成的影响

然而2项判决和3项判决不仅是对43条进行了固有的解释还依据1条推导了结论。为此24条2款规定文本交付义务或许也可能会被套用2项判决及3项判决中对1条的理解。特别是涉及贷款债权证券化的24条2款与2项判决中引用的17条和18条，在书面主义的角度上存在共通性。在适用书面主义及罚则的情况下，针对实质上能起到与18条规定的文本相同作用的文本2项判决严谨地对法条进行了解释。这样一看，24条2款的文本还能够得到灵活且符合立法目的的解释吗？要实现这样的解释就必须积极去论证在贷款债权证券化的背景下2项判决的理解并不合适。然而2项判决是在1条的规定中寻求对18条规定的文本进行相关判断的基础。这就意味着对于24条2款规定的文本而言，以2项判决的存在为前提时，就必须积极去论证并明确2项判决中对1条的理解未必是合适的。

要尝试论证则必须从论证18条和1条之间被认定的联系并不能套用到24条2款和1条之间上入手。但考虑到存在书面主义与罚则这两个共通点，而且1条又是规定立法目的的条文，估计这个论证多半也只能无功而返。如果说18条的规定是防止通过债权转让来规避法律限制的法条的话，那么反过来理解24条2款时就会发现18条和1条之间的关系基本上能套用到24条2款上。如果仍希望条理清晰地让这个论证成立，那么对于1条的理解就需要扬弃基于对表述进行解释的与18条的关系以及从契合立法目的的角度出发进行解释的与24条2款的关系，去更高层次地理解其含义和内容。但正如罗伦兹所说："最高层次的概念在内容上也是最空虚的"[25]，因此越是

---

[25]　译文来自木内宜彦《汇票支票手法（企业法学Ⅲ）》（劲草书房、第2版、1986年）30页。

对1条的含义和内容进行扬弃越是容易迷失1条所具备的意义。此时就不得不来讨论赋予了1条一定含义和内容的2项判决和3项判决的妥当性及合理性。

接下来讨论一下43条第1款的适用。如果2006年修订中废除贷款业43条1款那么就不会有视同偿付,㉖也就不会发生视同偿付效力的纠纷。如果问题在立法上得到了解决,那么只需要论证2009年底废除视同偿付概念之前的贷款债权证券化就足够了。

那么在视同偿付的概念仍具有效力的当前,为何依旧存在多付款归还请求频发的风险呢？在此回顾一下成为问题起因的3项判决。3项判决部分否定了丧失期限利益特别协议的效力。然而3项判决对应的原审判决均肯定了特别协议合法性。为了明确最高裁否定特别协议时所展开的论证的特征,下文中我们对3项判决的原审判决分别进行比较。

首先最高裁判例于2006年1月13日的原审判决的意见是这样的:"债务人延误支付债权人基于法律43条1款规定可以获取的约定利息时,丧失期限利益协议不存在任何不合理性。同时也无法认定债务人会因该协议的存在而被强迫支付约定的利息。因此债务人支付的超限额的金钱可以认定为'基于自由意思的付息'。"其次最高裁判例于2006年1月19日的原审判决的意见如下:"丧失期限利益特别协议具有督促债务人按约定履行的效力,除非该特别协议明显违反公序良俗,该特别协议的存在及适用中不利警告并不构成对债务人的违法的或不当的压力,不影响对偿付行为背后自由意思

㉖ 但此涉及用词方式。假设将与出资限制5条2款中规定的利率上限及利息1条规定的利率上限有差异的称为"灰色地带",则不少于10万日元贷款在2006年修订后仍会存在灰色地带。

的认定。由于本案丧失期限利益特别协议并非明显违反公序良俗的不当的约定，因此不能以该协议的存在来否定本案每次偿付背后的自由意思。"最后最高裁判例2006年1月24日的原审判决的意见如下："本案中丧失期限利益特别协议的存在不能被理解为强迫上诉人支付超限额利息，所谓基于'自由意思'的支付是指（债务人）在理解了支付会被用于冲抵本案各项贷款项下利息的前提下，能按照自己的意思来判断是否予以支付。决定支付的动机是否可以免除上述各条款的适用的问题，并不会左右支付背后的自由意思。因此本案各项偿付可以认定为基于自由意思。"

从上述判决意见中提取一下原审判决的特征。原审判决在认定丧失期限利益特别协议具有督促履行的作用的同时在公序良俗的框架下来理解其效力。在着眼于特别协议内容的同时认为应该站在特别协议订立的节点对特别协议是否有效进行判断。而关于自由意思的问题则提出在理解支付会被抵充利息的基础上是能够依据自己的意思来判断是否予以支付的观点。原审判决的上述论证的基础是协议订的立节点与支付利息的节点这两者存在差异以及两者间还存在时间差。43条1款的规定是"基于自由意思完成的支付"，可以发现这里讨论的是支付时的自由意思，那样就应该与订立协议时的认识予以区分。

对此3项判决又是如何？回顾一下最高裁2006年1月13日的判决可以发现判决首先在参考2项判决的同时指出法律2条体现的主旨和目的，提出43条1款的使用要件需要得到严谨的理解。在此基础上认定事实上被强迫支付了利息中超限额部分时，超限额部分的支付不能认定为基于自由意思的行为，43条1款的适用要件不充分。随后判决又提及了误解的问题。特别协议条款的存在会让债务人误认为如果不在支付期限内支付约定本金和包括超限额部分的约定利息则将丧失期限利益,必须在立即偿付剩余本金的同时承担支付延迟损害赔偿金的义务。判决还补充了该误解最终会导致在事实上等于强迫支付超限额部分利息的意见,以及未产生误解时的特殊情形。

对比原审判决最高裁2006年1月13日的要点在于事实上的强迫。3项判决均以事实上的强迫来否认支付背后的自由意思。如果确实存在事实上的强迫,那么这个强迫是什么时候开始的呢?能够成为强迫开始的节点应该就是订立特别协议时。这么说的话协议订立时债务人的认识就不是基于自由意思的。这样看来3项判决中并没有围绕强迫开始的节点对订立特别协议的节点和付息的节点进行明确区分,没有明确意识到两者之间存在时间差。这样来看3项判决在逻辑上应该是有问题的。㉗

3项判决中最高裁是为了保护债务人和保证人而有意无视这个时间差的吗?我们都知道3项判决当时正好在召开贷款业制度等相关的恳谈会。或许是为了传达一个信息督促立法部门解决多重债务的问题而刻意忽视了时间差。如果真是这样的话,那么就有必要讨论一下司法部门的这种积极态度是否正确。但是不管对此种论调持何种意见,忽视时间差所造成的逻辑上的瑕疵并不会被解决。特别是既然实际中合同的订立是基于自由意思的,那么其意思表达也应该是基于自由意思的。即便如此仍要认定为强迫的话,则该认定的影响会波及民法总则的意思表达的层面。从这个意义上将3项判决

㉗ 不仅如此,如果以具有督促履行的效果来认识强制二字的话,那么所有的担保交易都将缺乏自主性,也因此无法忽视3项判决内含的问题。

第三章　利率管制和贷款业限制给贷款债权证券化造成的影响

的意义并不局限于对解决多重债务问题的督促，还会诱发对民法总则中一般意思表达的立法依据的重新讨论。当然实际中最高裁判决的目的应该并不是寻求这种重新讨论，但一定要给判决意见中的逻辑瑕疵进行辩护的话，归根到底还是会回到这个问题上。[28]

四、结语

从对贷款债权证券化影响的角度来审视2项判决和3项判决，会发现最高裁提出的解释论证存在很大的问题。当然最高裁应该也注意到了其逻辑中的瑕疵。这里说的逻辑上的瑕疵是指订立特别协议的节点与付息的节点之间的时间差。当然其他问题中也有围绕时间差的讨论比如说17条但书中的恶意抗辩。何为恶意？在定论里的理解是对抗辩对抗概然性的认识。讨论的不是对至今为止的过去的认识，而是对未来的认识。而这个理解的基础是获取汇票时和汇票兑现时存在时间差。如果最高裁清楚时间差是理解的关键，那么在这里就是有意给出了一个存在逻辑瑕疵的判决。

问题在于最高法院的意图为何。最高裁在认识到有逻辑瑕疵的情形下是出于什么目的做出这项判决的呢？判决中既然没有写明我也只能在此以小人之心度君子之腹了。有鉴于3项判决生效后2006

---

[28] 但需要注意的是尽管存在这些逻辑缺陷但3项判决都是小法庭判决并没有改变大法庭判决的判例即最判1990·1·22民集44卷1号332页。从三个小法庭均做出可能与判例相抵触的判决的同时没有变更判例这一点上可以推测最高裁及各个小法庭的意图。

年进行了修订，自此开始多重债务问题的应对得到了安排，那么应对多重债务问题的安排是否就是最高裁在3项判决中隐藏的意图呢？如果是这样那么不管其行为是否充分必要，显然2006年修订已经实现了最高裁的意图。其意图既然已经得到实现，那么就要研究一下3项判决及其引用的2项判决是否已经完成了它的使命。内涵逻辑瑕疵的判例和居高临下的态度做出的缺乏灵活性的判例绝对不是一个赏心悦目的东西。

即便其使命完成了也不意味着2项判决和3项判决的一切都终结了。例如，第2项判决基于书面主义。这是出于保护借款人的目的而采用的思路和方法且今后也会被延续下去。今后的课题将是讨论怎样的解释才能在维持书面主义的同时避免其成为阻碍证券化的因素。这必然会要求对以往的讨论做进一步的深化。从贷款业限制等相关法律的角度来讲就有如下具体的课题需要讨论。即17条规定的在文本上的填写事项能否替代24条2款规定的填写事项？如果能，那么请明示填写内容及其具体性；如果不能，则24条2款规定需要提供的文本的交付节点等问题将成为具体的论点。而且不仅限于对这些条文表述的解释，24条2款的主旨即防止预料之外的履行请求的含义也需要予以进一步的明确。不仅如此贷款债权的转让担保与证券化的异同也需要进一步的明确。这也就意味着进一步明确真实买卖在证券化中的含义和内容。

在期待这些解释论述得到深化的同时也要注意到，至少2项判决中采取的这种居高临下的对法条表述的解释是不具备作为先例的参考价值。虽然证券化本身并不反对保护借款人，但像2项判决那样依据1条来严肃解释24条2款的话，贷款债权的证券化必然会遭遇明显的困难。为此2项判决作为先例的参考意义应当仅局限于其部分内容。如果说2项判决的意图与多重债务问题相挂钩的话,那么最高裁也未必会反对这种对2项判决的局部参照。

不如说最高裁真正担心的是实务处理中机械地套用判决。相信最高裁也不希望2项判决成为困住贷款债权证券化的枷锁。不仅如此,3项判决的存在似乎再次让这些担忧成为现实。3项判决进一步强调了多重债务问题。再加上2006年的这次修订,明明修订案还未实施,贷款业主体们就已经开始为确保顾客而在限制生效前开展了激烈竞争,行业内的优胜劣汰不断加剧。但实际上3项判决有瑕疵。而且最高裁自己也知道有瑕疵。这样一来生搬硬套3项判决意图的贷款业主体必然会在错误的前提下开展业务。[29]随着2006年修订在2009年底的正式实施,有的主体开始拉低贷款利率,有的主体则因行业前景不佳而退出贷款业,这些反应从业务经营的角度来看是无可厚非的。但是这种疲于应对原本就在逻辑上存疑的多付款归还请求导致破产的情况以及不可预期的风险波及投资人的情形原本是可以避免的。众所周知贷款业的行业内有大量的小微企业,而多重债务问题的应对和整理和缩小整个行业是两回事。最高裁也不会希望连续出现主体破产、风险扩散、行业重组的情况。所以还希望最高裁在通过判决传达其强烈意图的同时也能更冷静地应对实务。

品谷笃哉 / 立命馆大学法科大学院教授

---

[29] 只要不忽视3项判决的逻辑缺陷也就不必特意去考虑事实上的强制这个概念的对策了。实务中3项判决参考的最判1990·1·22民集44卷1号332页依旧可以作为判例来予以对抗。即维持3项判决前的对策即可。

第四章　围绕金融交易重新讨论合同法学的必要性
——从公司债的担保形式展开

道垣内弘人

保证合同是债权人和保证人之间的协议。如果套用到没有票面的公司债附带保证上，则可以将之理解为保证人（即银行等）与债权人（即公司债权利人）之间的协议。但这至少是一个不自然的结构。在此完全可以理解为公司债发行公司和银行等签订的以公司债权利人为第三方受益人的合同。或者索性将之理解为银行单方面承担债务的行为。类似这样的讨论不仅可以实现更稳定的实务操作，也能推动今后的创新。

一、前言

（一）经典合同观的修改

关于合同的传统观念毫无疑问是建立在要约和承诺达成一致的基础上的。只要不违反强制规定或公序良俗，当事人的意思表示决定合同内容。合同一旦订立，除适用情况变更原则或依据强行规定可以修订内容的情形外，合同内容维持不变。

但如今这种经典的合同观在各种意义上都需要更新了。附意合同特别是使用标准条款的合同是否真的谈得上是意思表示上的一致？在经典理论中这也是一个需要讨论的问题。[1]而近期盛行的重新交涉义务理论对合同的约束力提出了新的见解。[2]在此基础上制度性合同理论也在试图证明一种不以当事人之间的协议作为约束力源泉的合同形式。[3]

（二）金融交易合同的职责

这种对全新的合同观的讨论对新的合同类型的出现产生了一定

---

[1] 关于长期以来的讨论可参考河上正二《条款限制的法理》（1988年）46—112页。

[2] 包含之前的讨论在内参考石川博康著《再交涉义务论的机构及其理论基础（1）（2）完》，法学协会杂志118卷2号234页以下，4号520页以下（2001年）。

[3] 参考内田贵《民营化（privatization）与合同——制度性合同论的试论（1）—（6）完》，法律人1305号—1311号（2006年）、同《制度性合同与关系性合同——以企业年金合同为素材》新堂幸司=内田贵编《持续性合同与商事法务》（2006年）1页以下。

的影响。反过来新的合同类型又确认了全新的合同观的合理性,为深化该领域的研究讨论提供了重要的素材。内容精练的金融交易合同在其中起到了重要的作用。

在此本文试图通过讨论公司债附带保证问题来分析其中运用的合同类型是否契合经典合同观的分析框架?如果不契合则分析一下需要怎样的思路来予以支持。

先说结论。尽管公司债附带保证可以理解为是为第三方签订的合同,但我更希望将之视为单方面负担债务的思路能够得到正面肯定。

二、公司债附带保证的一般有效性

(一)公司债附带保证的一般有效性

实际判例中也认定了公司债附带保证的有效性。大判1927·5·21民集6卷395页,个人发行的无记名证券中写明股份公司做出的保证条款的案例支持了证券的持有人向作为保证人的股份公司提出的支付请求。该案例的认定是以公司债附带保证的有效性为前提的。此外2000年起信用保证协会导入了《中小企业特定公司债附带保证制度》。该制度的制定依据1999年年底以中小企业支援立法之一《中小企业信用保险法》而制定的同法实施规则以及次年3月14日中小企业厅发布的《中小企业特定公司债附带保证制度纲要》④。可以说公司债附带的保证的有效性今后会在日本法律体系下得到保障。学说上也没有任何否定公司债附带保证的有效性的意见。

（二）迄今为止的讨论及其问题点

那么迄今为止关于公司债附带的保证的法律结构有过哪些思考呢？虽然未必有过明确的讨论，但在传统的认识上考虑到公司债有其对应的公司债券，由此可见迄今的讨论中多是从作为有价证券的公司债券角度出发，以债券票面上约定了保证条款的情形为前提进行理解的。此时参考汇票保证的逻辑，认为保证债务转化成了一种有价证券与公司债一并被流通。

然而这种理解至少存在以下两个需要重新讨论的问题。

第一，仅靠"与汇票保证相同"的逻辑能否解释清楚。毋庸置疑汇票保证在汇票法上有明文规定，基于该规定保证的法律效果得以实现。但该法条能否超出其适用范围对公司债附带保证进行解释吗？这需要讨论一下。

第二，登记式债和记账式债并不具备有价证券中所谓的票面。这样一来以这些债为对象的保证的有效性是否会被上述理论所否定。特别是这些公司债很难作为"被转化成有价证券的权利"来思考。因此必须就上述理解的有效范围进行研究。

---

④　江口浩一郎监修《中小企业特定公司债保证制度的结构与概要（上）》，《金融法务事情》1580号（2000年）32页。

第四章 围绕金融交易重新讨论合同法学的必要性

三、汇票保证中基于独立行为的保证的理论及单方面负担债务行为的可能性

（一）汇票保证的逻辑

首先来思考一下汇票保证的逻辑。众所周知在学术上关于汇票中的债务负担的机制有着各种各样的讨论。那么关于汇票保证的法律结构问题在学术上同样也应该存在针尖对麦芒式的对立意见。这是因为汇票保证具有这样一个特征，即提供保证时债权人还未被确定。在此依据创造理论的主张可以轻松将汇票保证解释成独立行为。相对交付合同理论则主张在其框架下需要独立的理论来解释因无法确定合同对手而引发的问题。

但交付合同理论也认为汇票担保（进而包括承兑汇票的承兑和参与承兑）不同于出票，属于单方面负担汇票债务的行为。[5]结果无论按哪种理论来解释都无法引入合同的存在。

（二）基于独立行为的担保的若干案例

那么汇票保证中谈论的基于独立行为的保证在哪些情况下可以实现呢？即这是一种只有依据汇票法的规定才能得以实现的特殊的形态？还是作为基于独立行为的保证在通常情况下也能得到普遍性解释的模式？除汇票外还可以参考以下几种情形。

---

[5] 今井宏《汇票行为与汇票的交付》，收录于铃木竹雄＝大隅健一郎编《汇票法和支票法讲座第1册》（1964年）111页等。前田庸《汇票法和支票法》（1999年）42页。

a. 有关悬赏广告的讨论

首先来讨论一下悬赏广告。悬赏广告存在这样一种问题，"当有人在不知道广告内容的情况下做出了广告指定的行为时会怎样"。如果将悬赏广告视为合同，则在不知道有此要约的情况下即便做出了指定的行为也不具备对要约做出承诺的效果，那么也就不构成合同了。

然而在这个问题上就结论而言一般是承认行为人有权请求支付。如果此时仍认为悬赏广告是合同的，则该合同的成立是基于一定事实的发生而非基于意思表达的承诺。[6]进一步来说基于上述思路一般认为这属于通过发布广告这个独立行为来承担向行为人支付报酬的债务，可以说属于单方面负担债务的行为。[7]

如上所述，一般都认为悬赏广告属于单方面负担债务的行为，即便是与之相左的意见也认为获取权利的一方的意思表示在这种债权债务关系上并不具备实际意义。

b. 为第三方签订的合同

接下来思考一下为第三方签订的合同。在为第三方签订的合同中，受益人的权利是在做出受益的意思表达时发生的（民法537条2款）。这样一来与上述悬赏广告的情形以及下文中保证书的情形都不同，权利人的意思表达在此具有重要的意义。

然而受益人首先不是合同当事人，仅仅只是依据要约人和承诺人之间的合同效果获取权利而已。并且"只要对承诺人主张权利

---

[6] 石田穣《民法Ⅴ（合同法）》（1982年）第40页。

[7] 我妻荣《债权各论上卷（民法讲义Ⅴ之1）》（1954年）73—74页、广中俊雄《债权各论讲义》（第6版、1994年）第14页、星野英一《民法概论Ⅳ》（合本新订、1986年）35页等。

即等于做出了作为受益人的意思表示"。因此"受益人意思表示→权利产生→权利行使"的流程也就失去了讨论的意义。受益人的意思表示的意义在于，意思表示后要约人和承诺人不得再变更第三人的权利或令其消灭。⑧由此可以认为只要要约人与承诺人之间的合同存在，那么实际中受益人在做出受益的意思表达前就已经拥有该合同项下权利了。换而言之此时无须重视权利人对义务人做出的承诺等意思表示。这等同于仅凭权利人不直接知情时发生的法律行为（这里是指要约人和承诺人的合同），就已经产生受益人权利的法律效果。

c.制造商保证书的法律结构

对于电子产品等的基于保证书的质量保证责任，传统观点是这样解释的。

"由制造商定稿的、以标准条文印刷的保证书，在流通阶段作为产品的附件，在出售给终端消费者时经由零售店交付。制造商会向零售店提出'请在保证书上填写贵店名称、地址、电话号码及购买日期后盖章并出具给顾客；产品出售时请务必出具保证书'等委托。"显然依据保证书的填写内容提供的质量保证仅仅只是反映制造商的意思表示。而零售商只不过是在传达制造商的意思表示。而这是制造商质量保证的合同提出的要约，终端消费者无需对此做出承诺的意思表示，只需接收保证书合同随即成立（参见民526 Ⅱ）⑨。

这可以说是以保证书为媒介订立合同的一个结构，但其中有两

---

⑧ 星野・前注（注7）64页。

⑨ 安永正昭《保证书——制造商和卖方的责任》收录于加藤一郎=竹内昭夫编《消费者法讲座第2卷》（1985年）83—84页。

点需要注意。

一个是：保证书这个文件在这里仅仅被理解为制造商意思表达的手段，讨论并不是围绕必须要有书面文件这一点展开的。

另一个是：合同的成立需要要约和承诺，但有主张认为在此承诺可以适用民法526条2款。即无须就承诺进行通知，只要存在一定的事实合同就能成立。而这个事实是在要约人也就是制造商不知情的情况下发生的。也就是说制造商无法知道保证书是何时交付的。此时合同的订立很明显是视同了民法526条规定的情形。对此有意见认为：

"虽然可以将保证书上的记载内容解释为要约，将购买商品或在保证书上署名解释为承诺，由此构成合同关系。但出具的保证书并非与某个特定对象签订的合同。更多的情况下保证书是对任何持有商品及保证书的人承担义务的证明。考虑到商品和保证书也可能被转让给第三方。既然如此不如把这种情形理解为出具保证书的行为形成了债务负担，而体现了该项债务的文本随商品一并被流转。"⑩

如上文所述即便制造商的保证书构成合同关系，也无须取得权利之人做出承诺的意思表示，甚至部分意见认为这不构成合同关系，属于单方面负担债务的行为。

（三）单方面负担债务的行为：这种普遍性理论的存在

综上可以发现日本的现行法律允许悬赏广告这种单方面负担债务的行为。而且即便在理论上不属于基于独立行为的债务负担的情形中，也有案例显示取得权利之人的意思表示不具备重要的意义。

---

⑩ 大村敦志《基本民法Ⅱ债权各论》（第2版、2005年）319页。

上文已经提到有些意见认为汇票保证属于基于独立行为的债务负担。那么在日本的法律体系下此类债务负担的机制应该不属于基于汇票法规定的特殊情形，是能够在以上的例子中对号入座的。汇票保证的效力确实是以汇票法为依据，但无须权利人意思表示而产生的债务负担本身谈不上是一种特殊的情形。

综合上文来看公司债附带保证的有效性。与其说类同于汇票保证，不如说依据日本的法律其在一部分情况下（包括汇票保证）应该被认定为一种被允许的单方面负担债务的行为。

这解决了没有票面的公司债中附带的保证的有效性该如何说明的问题。也就是说，汇票附带保证的债务负担机制并不需要实际存在汇票这种有价证券来作为其必然的要件。悬赏广告也好，为第三方签订的合同也罢，和有价证券没有任何关系。而制造商的保证书，尽管会涉及票面问题但保证书不是有价证券。

四、公司债附带保证的法律结构的相关解释论

（一）对单方面负担债务的行为的解释

a. 单方面负担债务的行为及其成立要件

① 单方面负担债务的行为及其在明文规定中的依据

如上所述即便没有票面公司债附带保证的有效性也应该得到肯定。

在此重新正面讨论一下这个依据。先说结论，我认为从解释论的角度出发，公司债附带保证完全可以认定为以公司债权利人为对

象的单方面负担债务的行为。

当然这种解释会带来这样的疑问,即在没有明文规定为依据的情况下能随意认定单方面负担债务的行为吗?汇票保证也好,悬赏广告也罢,之所以能认定为单方面负担债务的行为不就是因为其订立和效力有明文规定做支撑吗?

②合同上的制度的产生

作为对此类批评的回答,首先从根本上来思考这样一个问题,即一个在法典里有明文规定为基础的法律制度是如何形成的。

民法中规定了13种典型的合同类型。但显然在历史上这些合同类型并非从一开始就定型的。以现代公司中最基本的买卖合同为例。最初只是部族间持续不断地相互赠与,那个时代不存在以一个给予对应一个反向给予所构成的对价关系为基础的协议。⑪随后互赠行为被逐步合理化,随着合理化的不断迭代最终形成了买卖这种形式。⑫于是乎以"对于所有与买卖合同有关的争议都适用这些规则"为内容的法规诞生了。

不仅是合同类型,合同形式也是如此。在18世纪末的德国,悬赏广告产生的是一种习惯上的义务,无法通过诉讼来予以强制。随后在习惯法中其法律效力得到承认进而在德国民法典中被明文规定(另外法国民法典并没有悬赏广告的相关规定)。⑬关于为第三方签订的合同,罗马法律在原则上是不予认可的。但随着经济活动的需要逐步被作为例外得到认可最终形成了法国民法典和德国民法典

---

⑪ 广中俊雄《关于合同形态的历史》,收录于《契约法的理论与解释》(1992年)47—48页。

⑫ 道垣内弘人的《研讨会民法入门》(第3版、2005年)15页。

⑬ 谷口知平编《注释民法(18)》(1966年)178—179页[植林弘执笔]。

第四章 围绕金融交易重新讨论合同法学的必要性

中的明文规定。[14]而类似的演变现在也在持续地发生着。比如（最终通过立法解决的）代物清偿预约、转让担保、租赁等。这些一定类型的合同通过反复不断地实践最终形成拥有着相当稳定的内容的新型合同。于是租赁和转让担保成为了有明文规定支撑的经典的合同类型在实务中得到运用。[15]

③制造商保证书相关讨论的背后

本文已经指出制造商的保证书是一种单方面负担债务的行为。这种理解的背景是制造商保证书制度的普及和规范化。无论以何种形式只要单方面表达了负担债务的意思随即产生债务的思路确实会存在很多问题。在日本的法律体系下，赠与也需要受赠人的同意（民法549条），除非偿付人是利害关系人，否则第三方偿付也不得违反债务人的意愿（民法474条第2项）。随意的债务设定违反这种法律理念。

然而现实社会中不仅有法律明文规定的制度框架（如汇票保证和悬赏广告），还有发展自行为习惯最终形成拥有如法定制度般成熟模式的法律制度。而如果这种成熟的模式带来的要件和效果可以用来认定单方面负担债务的行为，那么即便没有明文规定做支撑也应该承认存在这种单方面负担债务的行为。即可以认为已经产生了相应的合同类型来支撑单方面负担债务的行为。

当然要谨慎对待这种新类型合同的产生。再重申一遍，并不是说只依据意思表示就可以随意承担债务。但对于在交易社会中最终形成拥有成熟模式的合同类型，应当正面地去理解，并赋予合适的

---

[14] 谷口编·前注（注13）321页［中马义直执笔］。

[15] 大村敦志《典型合同与性质决定》（1997）中对该问题进行了分析。

法律属性。

b.公司债附带保证可套用的要件

公司债附带保证正是这种具备上述要件的拥有成熟模式的合同类型。日本最早发行的政府保证债是1903年的京釜铁道公司债，此后政府提供的公司债附带保证得到了大范围的推广。在二、（一）中介绍的1927年大审院判决则是一个股份公司在个人发行的无记名证券中提供保证条款的案例。随着历史车轮的滚滚向前，虽然银行提供的公司债附带保证制度不具备明文规定的支撑但已经拥有了一套成熟的模式。

只要看一下如今的日本证券保管中心（JASDEC）的业务流程就能很好地理解这个问题。发行附带银行保证的公司债时，发行人在确定条件后通过发行代理人向日本证券保管中心通知记录了公司债内容的交易信息。而在交易信息中需要具体填写的内容就有一项"保证分类"。该必填项目中有以下几个选项"0=无保证、1=日本政府保证、2=银行保证、3=保证协会及银行保证、9=其他保证"。而且附带银行保证的公司债的名称中会注明"附带〇〇银行保证"。这就意味着公司债附带"银行保证"这个信息本身就具备了充分的信息传达能力。

假设"银行保证"的内容并不统一，那么即便注明了"银行保证"，也无法向第三方传递任何信息。其内容只有具备了高度的模式化才能体现出其作为信息的意义。而日本证券保管中心的这个制度本身就是以"银行保证"已经定型为前提的。

这样一来银行提供的企业债附带保证可以说是已经具备了在交易社会中的成熟的模式。而企业债债权人购买的是基于这种附带保证来认购企业债。在此与其将这解释成公司债权人与银行间的合同不如解释为单方面负担债务的行为。

c. 公司债附带保证形成单方面负担债务行为的过程

如果这种单方面负担债务的行为可以被承认，那么接下来就需要明确该行为是通过怎样的具体流程得以实现的，是否已具备效力。

在此首先需要注意的是，单方面负担债务的行为所产生的债务负担并不是停留在债务人内心的问题，其中必须包含"意思表示"。然而出于单方面负担债务的行为的特性，这种意思表示并不需要直接向公司债权利人做出。如上文所述悬赏广告作为一种单方面负担债务的行为，即便行为人不知道有要约这个事实，只要做出指定的行为，一样能获取广告中约定的请求权。很明显其重点在于，负担债务之人不能随意变更负担债务的时间节点和内容。

这种思路在放弃继承权时需要对法院进行申明的程序中也有体现。对继承权的放弃当然是基于继承人单方面的意思表示。然而是否放弃继承权，何时放弃（是否已经过民法915条1款规定的冷静期）则是对被继承人的债权人以及继承人的债权人有重大影响的事项，需要明确日期（依据民法919条1款放弃继承权无法撤销）。于是就有了向法院申明的程序（民法938条）。

可以说公司债附带保证也满足了这些要件。下文中分别对记账式债、登记式债进行说明。

①记账式债形成单方面负担债务的行为的过程

关于记账式债附带的银行保证，起初是从保证人即银行制订"保证委托书及保证合同书"开始的。此时还会附上公司债的概要。在这个阶段，保证仍属于保证人内心的问题。随后这些合同书经发行公司盖章，在银行的同意下由发行代理人向日本证券保管中心登记公司债的交易信息。登记时向日本证券保管中心明示公司债附带银行保证。如上文所述这里的银行保证的内容在类型上已固定。此时原本只是保证人内心对保证债务做出的负担行为在保证人不能随意变更负担的时间节点和内容的状态下被明确表示。考虑到日本证券保管中心作为准官方机构的定位，上述不可变更的性质可以认为是得到了确保。

当然在该时间节点上公司债还未发行，保证也理所当然的还未生效。之后在发行当天发行手续费汇入发行公司的账户，公司债正式发行。而日本证券保管中心系统上会进行新债登记，同时公司债交易信息被公示。

如上所述记账式债中的公司债附带保证是在如下过程中实现的：
·发行公司向保证人委托公司债附带保证。
·保证人向日本证券保管中心明确做出负担保证债务的意思表示。
·公司债发行。

②登记式债形成单方面负担债务的行为的过程

登记式债中的银行保证基本同上。

登记式债的银行保证起初也是从保证人即银行制订"保证委托书及保证合同书"开始的。此时还会附上公司债的概要。在这个阶段保证仍属于保证人内心的问题。随后这些合同书经发行公司盖章，在银行的同意下由作为财务代理人的银行向作为公司债登记机构的银行发送数据。在此过程中将向公司债登录机构明示公司债附带银行保证。如上文所述这里的银行保证的内容在类型上已固定。此时原本只是保证人内面对保证债务做出的负担行为在保证人不能随意变更负担的时间节点和内容的状态下被明确表示。考虑到公司债登记机构作为准官方机构的定位，即便公司债登记机构与保证人以及财务代理人是同一家银行，上述不可变更的性质仍可以认为是得到了确保。当然在该时间节点上公司债还未发行保证也理所当然还未生效。之后在发行当天发行手续费汇入发行公司的账户，公司债正式发行，同时在公司债登记机构办理公司债的登记。

如上所述如登记式债中的公司债附带保证是在如下过程中实现的：

- 发行公司向保证人委托公司债附带保证。
- 保证人向公司债登记机构明确做出负担保证债务的意思表示。
- 公司债发行。

如上可知，公司债附带保证无须在公司债票面上表明保证意思。而且这里主张的并不是认同单方面负担债务的行为的随意性。而是对固定了模式的行为进行定性，即可以认同银行保证的机制。

（二）"为第三方签订的合同"的可能性

a.能否不确定受益人

上文并不是说以合同的形式没法构建公司债附带保证的法律结构，这其实是完全有可能的。为第三方签订的合同就是一个思路。即公司债发行公司（要约人）与承接银行（被要约人）之间的保证委托合同是以公司债权利人为收益人的为第三方签订的合同。公司债权利人因该保证委托合同而有权要求承接银行履行保证债务。

在此需要注意以下问题。

在为第三方签订的合同中，一般情况下是以特定的第三方成为受益人的。相对地将公司债附带保证视为第三方签订的合同时，作为其受益人的第三方是公司债权利人并非特定的个体。此时为第三方签订的合同能否成立。

b.转让受益者地位的模式

首先确认一个前提,判例中认定受益人可以不是一个现存的主体。⑯

在此基础上来关注公司债转让的可行性时会发现这样一个模式,即先订立了以公司债权利人为受益人的为第三方签订的合同,随后受益人的权利与公司债一起被转移。这样一来至少明确的受益人会在公司债被认购时出现。这种结构并非不可能。但会产生地位转让的对抗要件等问题。还是需要摸索其他模式。

c.受益者地位依次产生的结构

再思考一种结构。随着公司债被转让,转让人失去受益人的地位,受让人另行成为新的受益人。也就是始终存在不确定的受益人的思路。这种结构似乎更合理。

要注意此时为第三方签订的合同被认为"这是一个一方当事人向第三方(而非合同对象)承担义务履行合同对应债务的特别协议(付款)"。⑰即要约人通过付款指示承诺人向特定对象进行支付。这样一来对于受益者而言只需在一定程度上明确承诺人的债务内容即可。当有人做出受益的意思表示并向承诺人提出保证债务履行的请求时,只要能明确此人是受益人即可。而这在公司债附带保证中当然是没有问题的。

此时无须重视受益人向承诺人做出的受益的意思表示。其效果等同于受益人的权利仅靠受益人不直接知情时的法律行为(在此是

---

⑯ 大判1918·11·5民录24辑2131页。该判决认定:"此时在第三方的出现及其对受益的意思表示的法律条件下合同有效成立。"但就如同上文中已论述的那样,即便在受益的意思表达前受益人也已经拥有该合同项下的权利了。

⑰ 星野·前注(注7)62页。

指要约人即公司债发行公司与承诺人即银行之间的合同）而产生。这在前文已论述。

d. 购买公司债行为产生的受益的意思表示

更进一步而言可以这样认为，即以对象公司债附带固定了模式的银行保证为前提，只要认购或购买对象公司债，那么这一行为即产生受益的意思表示。

前文介绍过将家用电器产品中的制造商保证视为合同的传统学说也主张"终端消费者即便未做出意思表示，接受保证书后即可理解为前述合同成立（参见民法526Ⅱ）"。这两种思路其实是一样的。

对照判例也能发现受益的意思表示可以是默示。[18]而且我赞同受益的意思表示与一般的意思表示是一样的想法，这样一来特定的行为也可以被视为受益的意思表示。

e. 小结

以上任何一种见解都可以解释为"为了第三人订立的合同"。

五、结语

如上文所述，从单方面负担债务的行为和为第三方签订的合同中的任何一方面进行论证都支持认可没有票面的公司债所附带的保证的有效性。但更重要的是以下的思路。

---

[18] 大判1943·4·16民集22卷271页。

保证合同是债权人和担保人之间的合同。套用到公司债的保证上，那就可以理解为保证人（即银行）与债权人（即公司债权利人）之间的协议。但这种协议在实务上很难找到相似的例子，多少有些不自然。公司债权利人只是从公司债的票面或者日本证券保管中心获知对象公司债附带保证，所以才购买了公司债。不能视为与银行等保证人之间达成个别协议。这样一来就需要去研究与之对应的法律结构。而这种研究在实现稳定的实务操作的同时也可以推动今后的创新。

道垣内弘人／东京大学法学部·研究所政治学研究科教授

第五章　新股申购邀请与老股申购邀请相关概念的若干讨论

假屋广乡

　　金融商品交易法在改变特定有价证券中新股申购邀请与老股申购邀请的性质，对特定组织重组课以与新股申购邀请与老股申购邀请相同的披露限制的相关手续等问题上，为重新审视新股申购邀请与老股申购邀请这个证券法规的基本概念提供了全新的素材。本章将在新股申购邀请与老股申购邀请问题上展开若干讨论。

一、前言

在日本的证券法制中，新股申购邀请与老股申购邀请的概念是划分发行披露限制适用范围的一个手段。新股申购邀请与老股申购邀请是一个非常技术化的概念的同时，也是启发我们在逻辑上去思考证券法制本质的一个基础概念。

2006年施行的金融商品交易法所建立的规则为重新思考新股申购邀请与老股申购邀请这个证券法制基础概念提供了新的素材。本文将着眼于这一点尝试开展若干讨论。

二、金融商品交易法及新股申购邀请与老股申购邀请的概念

（一）前引

首先我们来确认一下这个为重新思考新股申购邀请与老股申购邀请概念带来了契机的金融商品交易法在相关规则上的变化。

（二）第二类有价证券及全新的新股申购邀请与老股申购邀请概念

金融商品交易法着眼于投资商品的流通性，以金融审议会分

第五章　新股申购邀请与老股申购邀请相关概念的若干讨论

科会第一部会议报告[①]提出的"应着重整理对应其分类的披露限制"的建议为基础，对有价证券进行了基本的分类。在金融商品交易法中，第2条第1款所列有价证券及同条第2款规定的视同有价证券的有价证券表示权利被合称为第一类有价证券。同条第2款各项规定的各类视同有价证券被称为第二类有价证券（金融商品交易法2条3款）。其区分依据是前者流通性高，后者流通性低。[②]

本文主题中关注的是第二类有价证券中的新股申购邀请与老股申购邀请概念。关于第二类有价证券，假设有相当多的认购人通过接受其申购邀请（申购新发行有价证券的邀请）持有了该申购邀请所对应的有价证券时，只要符合政令规定的情形即被视为"有价证券的新股申购邀请"（金融商品交易法2条3款3项）[③]。

粗略地概括一下，原本的证券交易法认为以多数认购人为对象实施的新发行有价证券的申购邀请属于新股申购邀请。[④]而在金融商品交易法中第一类有价证券部分也继承了这种新股申购邀请概念（金融商品交易法2条3款1项、2项）。此类新股申购邀请概念中人数基准以邀请对象人数为准。而在第二类有价证券的新股申购邀请

[①]　参考金融审议会金融分科会第一部会的《正对投资服务法（暂称）》（2005年12月22日）24—25页（http://www.fsa.go.jp/singi/singi_kinyu/siryou/kinyu/dai1/f-20051222_d1sir/b.pdf）以下简称金融审议会金融分科会第一部会为第一部会。

[②]　参考黑沼悦郎《金融商品交易法的适用范围和披露制度》，《金融法务事情》1779号（2006年）8页下、10页。此外经2007年修订后特定电子记录债权归入第一类有价证券。

[③]　第二类有价证券中适用披露限制的对象仅限于有价证券投资事业权利等（金融商品交易法3条3款）。在下文中另行说明。

[④]　参考近藤光男＝吉原和志＝黑沼悦郎《证券取引法》（商事法务研究会、新订第2版、2003年）111页。

概念中人数基准则确定以申购的人数为准。从这点上来讲第二类有价证券的新股申购邀请概念的性质被改变了。另外在金融商品交易法中定性新股申购邀请所需要的条件"相当多"，依据政令的规定为不少于500名（金融商品交易法实施条例1条7款2项）[5]。而在证券交易法中定性新股申购邀请的邀请对象人数则为不少于50名（证券交易法1条4款1项）。由此可见定性新股申购邀请的标准的人数限制被放宽了。

此外对于老股申购邀请也进行了同样的修订（金融商品交易法2条4项2号、金融商品交易法实施条例1条8款2项）。

（三）特定组织重组的发行和交付手续与新股申购邀请与老股申购邀请的概念

第一部会公开募股制度等工作组报告中提出"应该以三方合并中消灭公司作为有价证券报告书的提交公司，存续公司或交付股票的发行方为非提交公司的情形等为前提，讨论针对存续公司或交付股票的发行方的披露规则"。金融商品交易法基于该报告[6]分别将组织重组[7]中新发行有价证券在发行中的特定情形及已发行有价证券在交付中的特定情形称为特定组织重组发行手续和特定组织重组交

---

[5] 参考谷口义幸=峰岸健太郎《披露制度相关政令·内阁府令的概要（下）——着眼于有价证券性质的披露制度、组织重组相关披露制度等》，商事法务1811号（2007年）23页以下、26页。

[6] 参考金融审议会金融分科会第一部会《公开购入制度等工作组报告——关于公开购入制度等的定位》（2005年12月22日）14页（http://www.fsa.go.jp/singi/singl_kinyu/siryou/kinyu/dai1/f-20051222_d1sir/c.pdf）。

[7] 金融商品交易法中将合并、分立、股份交换或其他公司的与组织相关的行为中政令规定的事项称为"组织重组"（金融商品交易法2条2款1项）。

第五章　新股申购邀请与老股申购邀请相关概念的若干讨论

付手续，并课以与新股申购邀请与老股申购邀请同等的披露限制。上述披露限制的对象是组织重组的对象公司⑧在进行股票等的信息披露的同时又存在有价证券的交付未被披露的情形（金融商品交易法2条2款和4条1款2项）。

在证券交易法的框架下根据金融厅的业务指南的说明，合并等组织重组中发行股票的行为是不作为"有价证券的新股申购邀请"处理的。⑨因此组织重组中发行股票时无须提交有价证券备案申请。但是在金融商品交易法的框架下被变更为在特定情况下需要提交有价证券备案申请。如下文所述，在金融商品交易法的框架下组织重组中发行股票并没有被纳入新股申购邀请概念。只是特定的组织重组中发行股票等被定义为特定组织重组发行或交付手续，并对此类手续规定了与新股申购邀请与老股申购邀请（在备案方面）同样的披露限制的程序。有鉴于此也就有必要在逻辑上重新审视新股申购邀请与老股申购邀请的概念。⑩

---

⑧　金融商品交易法中将组织重组中吸收合并的消灭公司或通过股份交换成为完全子公司的公司或其他政令规定的公司称为"组织重组对象公司"（金融商品交易法2条之2的4款1项）。

⑨　关于企业内容等披露相关的注意事项参考（企业内容等披露指南）A2-4④⑤。

⑩　参考黑沼·前注（注2）17页、黑沼悦郎《新会社法与证券市场法制的关系》，法律时报78卷5号（2006年）24页以下、28页。又参考中村聪《金融商品交易法与实务上的课题》商事法务1791号（2007年）19页以下、26页。

三、在新股申购邀请与老股申购邀请概念中的被邀请者标准和持有者标准

（一）前引

在"二"的（二）中我们确认了金融商品交易法对第二类有价证券中新股申购邀请与老股申购邀请概念的相关规定做出了一些本质上变更，即人数标准从以被邀请人为准变更为以申购人为准。下文中将会在介绍修订的背景后展开若干讨论并谈一下今后的展望。

（二）背景

规定了第二类有价证券即视同有价证券的金融商品交易法2条2款各项所列权利，也被称为集团投资方案权利。[11]投资服务法构想相关的中期整理中，第一部会对投资服务法项下集团投资方案做出了这样的定义。不论是签订民法上的合伙合同、商法上的隐名合伙合同、投资事业有限责任合伙合同法上的投资事业有限责任合伙合同或者有限责任事业合伙合同法上的有限责任合伙合同，抑或是采取其他方法，当从多个出资人处接受的投资事业的资金或其他财产出资是使用该出资财产开展业务，并将该业务产生的利益分配给出资人的模式中不属于：①所有以集团投资的形式提供出资财产之人（出资人）参与事业的日常经营的情形；以及②各出资人出资的财

---

[11] 谷口义幸=野村昭文《企业内容等披露制度的整理》，商事法务1773号（2006年）38页以下、40页。

第五章　新股申购邀请与老股申购邀请相关概念的若干讨论

产分别用于各自独立的事业且各出资者只从这些独立的事业中获取收益分配的情形。⑫第一部会在中期整理时有鉴于集团投资方案（基金）的多样化发展，提出了"从市场的透明性和公正性的角度出发，应当广泛对基金课以备案和登记的义务"的建议。⑬于是就有了下文的分析。

如果以合伙股权为例思考一下就会发现，关于上文中的集团投资方案权利等模式的流通性低。于是首先可以发现，集团投资方案权利等原则上不太需要做出比公众查阅更为宽泛的披露。但同时主要以投资有价证券为事业的集团投资方案权利等相关信息，不仅对于该方案的直接出资人很重要，对于证券市场上其他投资人的投资判断也很重要。因此有必要定期披露投资运营状况等信息。金融商品交易法在原则上免除第二类有价证券适用该法第二章的披露限制的同时，仅限于对第二类有价证券中在法律上被称为有价证券投资事业权利的部分课以披露限制（金融商品交易法3条3项）的做法就是建立在以上分析之上的。⑭

同时第一部会提出应该大范围地对基金课以备案等义务的同时也认为："考虑到基金的目的、投资人群体以及规模千差万别，出于横向联系上的考虑，规定的内容应具备一定的灵活性来应对不同

---

⑫　参考金融审议会金融分科会第一部会《中间整理》（2005年7月7日）的附录（关于投资服务法对象范围的思路），available at http://www.fsago.jp/singi/singi_kinyu/siryou/kinyu/dai1/f-20050707_dlsir/a.pdf。

⑬　参考第一部会·前注（注12）第16页。

⑭　谷口＝野村·前注（注11）43页。另外针对上述这种立案负责人的整理的批评，可参考证券交易法研究会《披露限制的适用范围》的附录商事法务308号（2007年）67页以下、76—77页（加藤贵仁报告）。

结构的基金。"⑮这是考虑到基金建立时的特殊性而做出的判断。

以合伙形式建立的基金为例,大致会是这样一个过程。合伙合同的内容一开始并未全部明确固定。希望建立基金的人带着基金的投资目的等游说投资人以期募集同意出资的投资人。最终投资条件在与投资人的交涉中变更,基于投资人的需求最终确定合伙合同的内容。这样一看就会发现上述过程与股票、公司债这种将已确定内容的方案一并出售的情况并不相同。在证券交易法中私募股权如要规避备案义务,则要限制被邀请对象的人数,除适格机构投资人外不得超过49名。这就可能会造成因出现受到邀请不到愿意参与出资的邀请对象导致无法按照初期计划规模来设立基金的情形。⑯

有鉴于此金融商品交易法对于第二类有价证券的新股申购邀请与老股申购邀请进行了修订,将其人数标准从以被邀请人为准改为以申购人为准,并将"相当多"定义为不少于500名。也就是采纳了第一部会中期整理中关于确保集团投资方案运营的合法性的同时也需要提高自由度的建议。⑰

(三)若干讨论和今后的展望

出于基金设立阶段中与投资人交涉的必要性,金融商品交易法中将第二类有价证券的新股申购邀请与老股申购邀请的人数标准从以被邀请人为准改为了以申购人为准。该背景原因为上市公司在定

---

⑮ 参考第一部会·前注(注12)16页。

⑯ 参考谷口=野村·前注(注11)43页、中村·前注(注10)23页。又参考金融审议会金融分科会第一部会会议记录(2003年11月5日召开)中米泽则寿(JAFCO常务董事)发言(http://www.fsa.go.jp/singi/singi_kinyu/gijiroku/kinyu/dai1/20031105_roku.html)。

⑰ 参考第一部会·前注(注12)9页。

第五章　新股申购邀请与老股申购邀请相关概念的若干讨论

向增发中与受分配方的交涉是否属于申购邀请这个既经典而又新颖的问题带来了一定的启示。实施定向增发时需要和受分配方交涉分配方案，[18]这点上与基金设立阶段的情况非常类似。[19]

在此先确认一下前段文中那个经典而又新颖的问题具体是什么。证券交易法也要求上市公司就股票实施定向增发时需要提交有价证券备案书，这导致在备案前无法进行邀请（证券交易法4条1款）。在定向增发中备案前与受分配方的协商是否属于邀请就成为一个问题。[20]

金融商品交易法为了解决基金设立阶段中与定向增发相类似问题，选择了将新股申购邀请与老股申购邀请的人数标准从以被邀请人为准改为以申购人为准。对此也有意见认为可以在维持原本的被邀请人为准的同时将基金设立阶段中不可或缺的某些交涉排除在邀请行为以外。[21]这样一来金融商品交易法中对原本标准的修改的本质可以看作是将在特定要件下与投资人就投资条件进行的交涉排除在邀请行为的对象之外。该政策也同样应该可以套用在上市公司的定向增发中与受分配方的交涉上。

---

[18]　参考中村・前注（注10）26页。

[19]　参考黑沼・前注（注2）16页。

[20]　参考中村・前注（注10）25—26页、证券交易法研究会《库存股与证券交易法修订——市场价操纵规则》附录商事法务251号（2002年）55页以下、57、58页（河本一郎发言）。在实务中（发行人和第三方之间关于会否接受定向增资的交涉明显包含获取有价证券的邀请）一般都是先决定定向增发的内容在提交有价证券备案书。同时似乎也没有在提交有价证券备案书前检举邀请行为的案例。参考黑沼悦郎《关于信息披露的思考》，收录于江头还历《企业法理论（下卷）》（商事法务，2007年）595页以下、618—619页。

[21]　参考黑沼・前注（注2）16页。

金融商品交易法4条1款1项中是这样规定的：有价证券的新股申购邀请与老股申购邀请的对象已经获取或者可以轻易获取该有价证券相关有价证券备案所需报备事项相关信息时，政令中所规定的该有价证券的新股申购邀请与老股申购邀请可以免除备案。这样一来不属于私募股权的定向增发就有可能无须备案，实务上变得更为便利。[22]但这未能得到实现（参见金融商品交易法实施条例2条12款）。

金融商品交易法中特地将第一类有价证券和第二类有价证券的新股申购邀请与老股申购邀请的概念进行区分的做法体现的是金融

---

[22] 参考岸田雅雄《公司财务监管——会社法与金融商品交易法的比较》，收录于森淳二朗＝上村达男编《对会社法主要议题的评论》（中央经济社、2006年）181页以下、186页。

在证券交易法中对库存股的处分一般理解为处分已发行股票，参考神崎克郎＝志谷匡史＝川口恭弘《证券交易法》（青林书院、2006年）第155页注7。在金融厅的业务指南中特定情况下通常被归入新股申购中（参考企业内容等披露指南A2-3）。因此当上市公处分库存股进行第三方分配时，即便归入老股申购，也属于有价证券以做出相关披露的情形，无须报备（金融商品交易法4条1款1项）。这点在金融商品交易法中也一样（金融商品交易法4条1款3项）。因此上市公司通过新股发行来进行第三方分配时需要报备，同时也会产生本文所阐述的令人困惑的问题。但以处分库存股的方式进行分配则不会产生该问题。两种情况明显不平衡。当然这种不平衡或许让实务有利〔参考证券交易法研究会·前注（注20）57—58页（河本一郎发言）〕。但既然处分库存股和发行新股在经济形态上一样，那么理应接受相同的限制。

公司法中完全贯彻了库存股处分与新股发行具有相同的经济形态的思路，将新股发行的股票与库存股处分时的股票合二为一定义了一个募集股的上位概念并对库存股的处分适用了与新股发行相同的限制（公司法199条以下）。

有鉴于此考虑到备案文书中披露项目（实际对价差额的用途）的差异，黑沼教授认为应该将库存股的处分课以新股申购的限制而非老股申购。参考黑沼·前注（注10）27页、证券交易法研究会·前注（注20）55—56页（黑沼悦郎报告）。

第五章 新股申购邀请与老股申购邀请相关概念的若干讨论

商品交易法的基本思路即披露限制的体系灵活化。而这种披露限制的体系灵活化又是出于这样一种思路,即以今后投资商品的日趋多样化为前提,根据投资商品的特性来思考信息披露的定位,构建更为灵活的披露限制。[23]

基于金融商品交易法限制内容的关键词即体系灵活化的思路,我们会发现即便新股申购邀请与老股申购邀请的概念在第一类有价证券中和第二类有价证券中被做了区分,但也不能以此批评该法在逻辑上不统一。但就如同上文所述第二类有价证券会发生的问题同样也可能发生在第一类有价证券中,为此统一第一类有价证券中和第二类有价证券中新股申购邀请与老股申购邀请的概念的立法方针还是值得讨论的。[24]而以申购人为准就是对象之一。

在从事消费者问题的专业工作者看来金融商品交易法中将第二类有价证券的新股申购邀请与老股申购邀请概念中的人数标准从以被邀请人为准改为了以申购人为准并将"相当多"定为不少于500名的这种做法存在一些风险。投资相关集团受害事件的受害人的人数往往较多,可达到数十上百人。而在新的规则可能会造成很多此类案件逃过披露限制的监管。[25]而且在限定可申购人数的同时又通过报刊杂志的广告等大范围邀请的话,可能会有大批投资人应邀涌

---

[23] 披露限制结构灵活化的思路是金融审议会金融分科会第一部会《信息披露工作组报告——关于今后披露制度的定位》(2005年6月28日)中所采取的思想。又参考金融审议会金融分科会第一部会会议记录(于2005年11月10日举行)池田唯一(金融厅总务规划局企业披露课课长)的发言(http://www.fsa.go.jp/singi/singi_kinyu/gijiroku/kinyu/dail/20051110_roku.html)。

[24] 参考黑沼・前注(注2)15—16页。

[25] 参考上柳敏郎=石户屋丰=樱井健夫《新・金融商品交易法手册》(日本评论社、2006年)159页(樱井健夫执笔)。

来，结果在竞争压力下有些投资人在未能仔细分析信息的情况下就做出投资决定。[26]

以申购人为准则必然会伴随上述成本。金融商品交易法也正是因此才只在流动性低的第二类有价证券中采用该标准而未将之普遍推广。但如果该标准扩展适用到第一类有价证券那么先前提到的上市公司定向增发中的问题也不会发生。再者实际受邀人的人数也很难统计，而且对于受邀后未去获取有价证券的投资人而言其利益也不会因为没有接受特别信息披露而遭受损害。由此可见，围绕有价证券的实际获取人人数展开的立法思路一直以来都被认为是值得讨论的课题。[27]有鉴于此，今后也应该继续讨论。

四、组织重组与新股申购邀请与老股申购邀请概念

（一）前引

"二"的（三）中提到了金融商品交易法规定了对特定组织重组的发行和交付手续课以与新股申购邀请与老股申购邀请同样的披露限制的相关手续。而这成为了重新思考新股申购邀请与老股申购邀请的概念的契机。在此先概述一下组织重组中备案制度的适用问题相关的过往背景，随后开展若干讨论后谈一谈今后的展望。

---

[26] 参考黑沼・前注（注2）15页。

[27] 参考神崎=志谷=川口・前注（注22）154页。加藤・前注（注14）68页中主张被邀请者基准的合理性。

第五章 新股申购邀请与老股申购邀请相关概念的若干讨论

（二）背景

如上所述，迄今为止在实务中一般都是按照金融厅的行政指南的要求，不将合并等组织重组项下发行股票的情形作为"有价证券的新股申购邀请"处理。但回顾历史，证券交易法实施不久后的1948年6月30日证券交易委员会[28]制定的《有价证券的新股申购邀请或老股申购邀请的备案等相关规则》（证券交易委员会规则第10号）3条中规定："公司在合并或增资时通过向股东和他人分配新股认购权的方法发行新股的情形，包含在2条3款有价证券的新股申购邀请的对象内。"[29]也就是说企业合并中发行新股在法律上被视为有价证券的新股申购邀请。

然而1953年该规则被废除，取而代之的《有价证券的新股申购邀请或老股申购邀请的备案相关部级政令》[30]中也未安排相当于前文中所述第3条的规定。该条没有被继承的理由并不明确。不过由于1948年规则制定后证券交易法2条3项未规定任何对规则的委任内容，所以行政当局应该是发现规则3条的效力存在疑问。[31]由此可见该项变更似乎并不是为了合理定位合并中信息披露而从政策角度出发对股票新股申购邀请与老股申购邀请进行讨论后的结果。在实务中一直以来也都是依据《关于有价证券的新股申购邀请或老股

---

[28] 证券交易委员会原本拥有规则制定权类似美国SEC的一个承担证券行政的独立行政机构，但于1952年被取消了行政职能。参考河本一郎＝大武泰南《证券交易法读本》（有斐阁、第7版、2005年）8页。

[29] 参考松本亘《有价证券制度的若干问题》，一桥大学研究年报法学研究3（1961年）137页以下、149页。

[30] 该省令经过多次修改后最终成为了现在的《企业内容等披露的内阁府令》。

[31] 参考松本·前注（注29）150—151页。

申购邀请的备案相关规定的实施》（1948年6月30日证审第10号）按照与前文所述规则第3条规定同样的方式在进行处理的。[32]

之后1948年6月30日的证审第10号被1971年9月6日的《有价证券的新股申购邀请或老股申购邀请的备案等相关处理的通知》替换[33]，而该通知中规定合并时的股票发行不属于新股申购邀请。[34]该通知纠正了1948年法律制定后因多个通知的发布而导致新股申购邀请与老股申购邀请的备案制度变得非常难以理解的情况。而负责官员当时撰写的注释中对于合并时发行股票的情形等有价证券发行案例不属于新股申购邀请这个问题，只说是为了明确什么情况下才算属于新股申购邀请的有价证券的发行。所以其实际意图并不明了。[35]但无论如何该通知的内容延续到了现行的企业信息等披露指引的规定，而合并等组织重组时的股票发行也就不在作为"有价证券的新股申购邀请"来处理了。

但到了商品交易法的框架下（尽管合并等组织重组时的新股发行、自有股份的交付并未被作为新股申购邀请与老股申购邀请处理）又对特定的组织重组时发行股票等的情况课以了与新股申购邀请与老股申购邀请相同的披露限制。如上文所述该修订是在听取了第一部会工作组报告中的建议的同时，结合了以组织重组行为对价

---

[32] 参考田中诚二＝堀口亘《全订逐条解说证券交易法》（劲草书房、1990年）37页。此外1948年6月30日证审第10号在松本・前注（注29）152页注1中有刊载。

[33] 参考田中＝堀口・前注（注32）37页。该通知刊载于商事法务571号（1971年）19页以下。

[34] 参考同通知2-2⑥。

[35] 参考中岛贞夫《关于有价证券的新股申购或老股申购的报备等相关处理的通知》，商事法务573号（1971年）11页以下、11、12页。

的灵活化为指导思想的公司法修订㊱，以非上市企业的证券或外国证券交付给上市企业股东为前提进行的。㊲

（三）若干讨论和今后的展望

毋庸置疑，日本证券交易法源自美国。但我们来回顾1971年通知发布当时的美国，对于公司合并中向消灭公司的股东交付存续公司或新公司股票替代其持有股票的情形，美国证券交易委员会（SEC）认为这种情形不属于证券的出售，于是免除了备案制度的适用。Rule（细则）133㊳中对该处理方式的认定便是建立在如下思路上的：向合并消灭公司的股东交付股票用来交换其所持有股票的行为，并不基于每个股东的同意而是基于股东多数表决的公司行为，且缺乏股票销售的必要要素也就是基于股东方意思的行为。Rule133的这种思路被称为无销售理论（"No-Sale理论"）。㊴

然而SEC之后的态度却是认为Rule133所依据的公司行为这个理论基础（即消灭公司股东获取新股票仅仅是公司行为所产生的结果）过于形式主义㊵。在此可以这样理解，支持合并的股东是基于个

㊱ 参考公司法749条1款2项等。

㊲ 参考黑沼・前注（注10）28页、同・前注（注2）17页。

㊳ Rule133（17C.F.R.§230.133）于1951年制定，于1972年被废止。关于Rule133从制定到废止的历史背景参考Louis Loss & Joel Seligman, Securities Regulation 1242-1252（3rd ed., 1989）。

㊴ John C. Coffee, Jr. & Joel Seligman, Securities Regulation 484（9th ed., 2003）。

该页内容摘自Securities Act Release No.5316（1972）。也有人认为No-Sale理论是把股东行使表决权视为公司机构行为（Loss & Seligman, supra note 38, at 1242）。

㊵ Loss & Seliginan, 在注38中所述，1251页。

人的意思做出了接受新股票这个投资决定，相对地，反对合并的股东则是在为获取新股票还是（行使回购请求权等）获取现金这个投资决定拖延时间。在此公司行为则可以理解为所有股东各自的投资决定的集合[41]。于是SEC在1972年废除Rule 133重新制定了新的Rule 145。[42]在Rule 145框架下过去被Rule 133免除备案的合并等也需要按登记声明（Form S-4）向SEC备案。[43]

1971年通知发布时的日本也有这种与无销售理论同源的思路，即合并时的股票交付是基于股东大会决议的公司行为而非基于每个投资人的个别投资决定。[44]下文就是这种思路的一个体现："新股申购邀请与老股申购邀请必须具有申购邀请这个共同的要素。在此即便形式上同样是新股发行，比如在公司合并时交付新公司或存续公司的新股来替换消灭公司股东原本持有的股票……等发行行为中股

---

[41] Coffee & Seliginan，参见注39，第484页。

[42] 17C.F.R. §230.145.

[43] 参考黑沼悦郎《美国证券交易法》（弘文堂、第2版、2004年）60—61页。当然在当前的美国证券交易法的解释中并未完全摒弃No-Sale理论。对此可参考 Stephen D. Bohrer,The Application of U. S. Securities Laws to Overseas Business Transactions,11 *Stan.J.L.Bus.&Fin*.126,168-169（2005）。

short-form merger（相当于日本的简易合并公司法784条1款和796条1款）中被收购公司的股东没有形式决议权的机会。但只要对价是证券就适用Rule145。当然如果对价为现金时则不存在股东对证券进行投资判断的需要，根据美国法律不适用Rule145。以上参考Rutheford B.Campbell ,Jr., Rule145: Mergers, Acquisitions and Recapitalizations Under the Securities Act of 1933, 56 *Fordham L. Rev*.277, 301-302（1987）：Loss & Seligman, supra note 38, at 1254-1255n.104。

[44] 神崎教授应该也认为本脚注后正文中引用的见解与No-Sale理论同源。参考以神崎克郎《证券交易法》（青林书院、1987年）155—156页以及同书157页注16的表述为前提的上柳克郎＝鸿常夫＝竹内昭夫《新版注释会社法（7）》（有斐阁、1987年）94—95页（神崎克郎执笔）。

第五章　新股申购邀请与老股申购邀请相关概念的若干讨论

东基于其法律地位必然可以获取该新股,其间也就没有讨论申购邀请的余地。也就是说,这些新股票的发行既非新股申购邀请也非老股申购邀请,那也就没必要备案了。"[45]

当年行政当局的工作人员在参与起草作为现在实务处理的基础依据的1971年通告时或许就是受了这种思路的影响。当然也有可能是认为合并时确实需要投资判断,但必要信息的提供只需与合并同意决议挂钩即可,而这在当时的商法和委任书规则中也是得到保障的。[46]

无论如何很早就有学说对1971年通告中合并等不属于新股申购邀请的处理方式提出了质疑。[47]再考虑到美国制定了Rule 145,质疑的学说中的主流主张是在此类情况下也存在需要适用披露限制的情形。[48]此类意见对于邀请的问题的主张是消灭公司的股东接到就批准合并合同进行股东决议的召集通知等同于股东受到了以所持有的股票交换新设公司或存续公司股票的邀请。[49]而对于投资判断所需提供的信息则主张存在以下问题,即上市公司的股东基于委任书规则会获取一定的信息披露,但其披露内容的详细程度远远不能

---

[45]　引用自大森忠夫＝矢沢恭编《注释会社法（5）》（有斐阁、1968年）116页（福光家庆执笔）。

[46]　参考龙田节《证券交易的法律规制》,收录于竹内昭夫等《现代经济结构与法》（筑摩书房、1975年）499页。

[47]　参考龙田·前注（注46）499页。

[48]　参考神崎克郎《合并决议相关信息披露的充实》,收录于小室直人＝本间辉雄《企业与法（上）》（有斐阁、1977年）207页以下、铃木竹雄＝河本一郎《证券交易法》（有斐阁、新版、1984年）120页注12、神崎＝志谷＝川口·前注（注22）159—161页。

[49]　参考铃木＝河本·前注（注48）120页注12。

与有价证券备案书或计划书提供的信息相提并论。非上市公司的股东甚至无法获取这些信息披露。[50]

再回来看金融商品交易法对特定组织重组时的股票发行课以与新股申购邀请与老股申购邀请同样的披露限制手续的规定可以说是采纳了对业务指引提出了批评的学说的主张。想必在制定规定时发现直接在组织重组中认定邀请行为存在困难，所以规定试图将组织重组相关的文件等准备资料及其他政令规定的行为视为邀请（金融商品交易法2条2款、3款）[51]。

但正如"二"的（三）所述金融商品交易法框架下被课以披露限制的对象虽然对组织重组对象公司项下股票等进行了披露，但却有未披露有价证券被交付的情形。所以非披露对象公司之间进行的合并不需要备案（金融商品交易法4条1款2项一），上市公司以自己上市的普通股为对价吸收合并其他公司时也不需要备案（金融商品交易法4条1款2项二）[52]。此外要求提交有价证券备案书来作为特定组织重组中的发行和交付手续的情形中也未规定要求向股东提交计划书（金融商品交易法4条1款注释）。这样看来该规定也并没有全盘接纳对业务指南提出批评的学说提出的主张。

顺便说一句对于金融商品交易法对特定组织重组时的股票发行课以与新股申购邀请与老股申购邀请同样的披露限制手续的规定的主旨有这么一种看法："公司合并时由于一般要将存续公司的股票

---

[50] 参考神崎＝志谷＝川口·前注（注22）161页注7、铃木＝河本·前注（注48）120页注12参照。

[51] 参考石塚洋之《金融商品交易法Q&A100》（日本经济新闻社、2006年）129页。

[52] 参考石塚·前注（注51）129页。

第五章 新股申购邀请与老股申购邀请相关概念的若干讨论

分配给消灭公司的股东，原则上需要在股东大会上判断是否同意合并。而这种判断类似于是否要投资存续公司的股票，属于发行股票披露限制的对象事宜。"[53]美国的 Rule 145 可能的确是在这种思路指导下制定的。[54]但金融商品交易法是否也是出于这种思路是有疑问的。如果金融商品交易法是出于这种思路进行规定的，那么将合并等组织重组时的新股发行和自有股份的交付定位成新股申购邀请与老股申购邀请的思路在逻辑上确实更为自然。但实际并非如此。如上文所述，其规定内容仅对合并等一小部分企业重组程序科以了提交有价证券备案书的义务，且未要求交付计划书。

那么金融商品交易法重新规定企业重组相关披露制度的原因又是什么呢？应该就是"二"的（三）中提及的第一部会工作组提出的以下意见："应该以三方合并中消灭公司为有价证券报告书的提交公司，存续公司或被交付股票的发行方为非提交公司等情形为前提，讨论针对存续公司或交付股票的发行方的披露规则。"受持续性的披露之益[55]的投资人可能会因为企业重组而无法继续获得持续性的披露。该法就是为了避免这种情况发生而制定的。

金融商品交易法并没有从合并中消灭公司股东等面临重要投资判断的角度出发去考虑充实披露信息的内容。所以金融商品交易法在制度上虽然迈出了一步但还不够充分。自然而然也就出现了这样一种意见，即应该合乎逻辑地去重新思考新股申购邀请与老股申购

---

[53] 引用自岸田·前注（注22）187页。

[54] Campbell, supra note 43, at 283-284.

[55] 有价证券报告书以公开形式提供信息，任何人都可以立即获取相关投资信息，有助于有价证券的流通。参考池田·前注（注23）。

邀请的概念并将组织重组行为中获取有价证券的行为视作新股申购邀请与老股申购邀请来处理。[56]

按上述意见将组织重组行为中的有价证券的申购邀请作为视为新股申购邀请与老股申购邀请时则又会产生以下疑问，即关于发行披露限制适用新股申购邀请与老股申购邀请的依据，以往总是强调在短时间内售出大量证券时产生的特殊的销售压力[57]。而合并等组织重组行为中即便存在定位成邀请行为的要素，但这个要素会带来销售压力吗？从这个角度来看要强调组织重组中存在邀请行为这种销售要素的做法显然是不自然的。

这样一来如果要通过将组织重组中有价证券的申购邀请在理论上分析为新股申购邀请与老股申购邀请，从而让发行披露的结构涵盖所有一般组织重组行为，那就需要重新来思考将发行披露限制的适用涵盖新股申购邀请与老股申购邀请的依据。不是去强调销售压力的要素，而是要从投资人是否面临重要的投资判断的角度出发重新梳理发行披露限制。

另外政策上一般认为将发行披露的框架广泛套用组织重组行为的做法是妥当的。其依据是在没有销售压力的情况下组织重组行为其结构会造成合并中消灭公司股东在面对重要的投资判断时缺乏必

---

[56] 参考黑沼·前注（注10）28页、同·前注（注2）17页。加藤·前注（注14）79页也有同样的意见。

[57] 参考神崎克郎《披露制度的适用范围》，收录于日本证券经济研究所证券交易法研究会《美国和日本证券交易法（上卷）》（商事法务研究会、1975年）133页、156页、龙田·前注（注46）498页、铃木＝河本·前注（注48）118页。此外黑泽悦郎在《金融商品交易法入门》（日本经济新闻社、第2版、2007年）43页中提到："正因为有销售压力才需要发行市场的信息披露，所以是否需要发行披露由有无销售压力决定。"

第五章　新股申购邀请与老股申购邀请相关概念的若干讨论

要的信息。虽然这种认识是否正确还需要研究，但如果说反对业务指引的学说占主流的话，那么相信很多学者面对现状会支持这个思路。一直以来这种意见都在强调组织重组中计划书披露的信息远比基于公司法和委任书邀请规则披露的信息来得详细，主张出于对投资人股东的保护应该扩大披露限制的适用范围。[58]但如果将组织重组行为中的有价证券申购邀请作为新股申购邀请与老股申购邀请处理，把基于计划书的披露限制适用到企业重组中的话必然会导致企业重组的成本上升。在保护投资人的角度上能否在其中挖掘出大于该成本的收益呢？

要回答这个问题就要理解这样一个现实，即实际中制定的计划书都是大篇幅的文件，几乎没有投资人会去仔细阅读这一叠厚厚的文件。所以从保护投资人的角度出发不仅要考虑披露信息的详细程度还需要考虑对投资人而言的便利性。而现有的计划书在便利性方面都存在问题。[59]在此情况下如果不修改当前的计划书制度，单单去扩大披露制度对企业重组的适用，只会无谓地增加企业重组的成本。对投资人而言投资价值是由风险、回报和投资期这三个要素决定的。[60]对于投资人正确把握风险和回报所需要的最低限度的必要事项，应该直接披露哪些信息？我们需要从这样的角度出发，将在本质上重新讨论当前的计划书制度的定位纳入讨论范围，再来研究

---

[58] 参考前注（注48）中引用的文献。

[59] 参考金融审议会金融分科会第一部会会议纪要（于2005年11月30日召开）田中浩（野村证券执行董事）的发言。http://www.fsa.go.jp/Singi/singi_kinyu/gijiroku/kinyu/dai1/20051130_roku.html。

[60] 参考江头宪治郎《株式会社法》（有斐阁、2006年）13页。

如何将披露制度扩大适用到企业重组中。[61]

五、结语

本文着眼于金融商品交易法所制定的规则为重新思考新股申购邀请与老股申购邀请概念提供了素材这一点，从今后证券法的定位切入，思考了在制度上以申购人为准作为新股申购邀请与老股申购邀请的人数标准的问题和在制度上将组织重组行为中有价证券获取邀请视作新股申购邀请与老股申购邀请来处理的问题。最后我想以我的感想来结束这篇论文。

上文中制度的选择可以说与公司法的思路是一样的。[62]即虽然第一类有价证券和第二类有价证券有流动性的差异，但在经济上两者都是有价证券的新股申购邀请与老股申购邀请相关的事项，所以尝试将判断标准都统一到持有人标准的范畴里来整理，或者合并时的股票发行和特殊的新股发行在经济上都是新股发行，所以尝试将组织重组行为中有价证券的申购邀请也统一到新股申购邀请与老股

---

[61] 在设计企业重组的披露制度中，完全可以考虑尽可能让基于公司法及委任状邀请规则的信息披露的内容与计划书的信息披露的内容相统一，以此实现无需交付计划书的模式。

[62] 参考前注（注22）当然这种思路并不能解释公司法的所有规则。对于经济形态相同却适用不同规则的情形，也需要慎重研究是否应将之作为实质性的不匹配而予以调整。参考《座谈会/会社法中合并对价灵活化的实施》，商事法务1799号（2007年）4页以下、7页（藤田友敬发言）。

第五章 新股申购邀请与老股申购邀请相关概念的若干讨论

申购邀请的范畴中进行整理,从这种思路出发进行的整理具备制度理论一致的优势,但基于这种整理的制度禁不起推敲,会如本文中论述的这样浮现各种各样的问题。

这样一想就会发现,金融商品交易法采用的这种"结构灵活化"的(即不是将保护投资人这个抽象的概念一律嵌套到制度里,而是着眼于保护投资人的实质性依据,并根据规律区分应对的)做法[63],虽然会将制度复杂化但能带来实际意义上的解决。

假屋广乡/一桥大学大学院法学研究科教授

---

[63] 参考金融审议会金融分科会第一部会会议纪要(于平成16年11月19日召开)神作裕之发言,http://www.fsa.go.jp/Singi/Singi_kinyu/gijiroku/kinyu/dai1/ 20041119_roku.html。

第六章　MSCB相关的法律和实务应对

野田　博

MSCB（附带可转股债券调价条款的可转股债券型附新股认购权公司债）发明至今已有15年以上的历史，如今已成为企业再生等业务中有效的筹资手段。但另一方面对MSCB的发行给现有股东利益带来的负面影响以及证券市场中对不公平交易的疑虑依旧根深蒂固。在下文中我们来讨论一下这类问题的法律应对，同时也谈一谈近期自主监管机构的应对。

一、首先

MSCB（Moving Strike Convertible Bond：附带可转股债券调价条款的可转股债券型附新股认购权公司债）一般是指可转股债券型附新股认购权公司债（CB）中附带了可转股债券调价条款，且随着发行公司的股价波动可随时调整可转股债券价格的商品。上文中的附新股认购权公司债是指附带了新股认购权的公司债（根据公司法22条2款），是一种不能将新股认购权和公司债分割后进行转让或质押（根据公司法254条2款及3款、267条2款及3款）的金融商品。一般要求公司债所附带的新股认购权的数量必须与每份公司债的金额对等（根据公司法236条2款）。而"可转股债券"则是指附新股认购权的公司债中，一旦行使新股认购权则公司债提前到期，偿付款用于抵充股票认购款的一种金融商品。[①]

MSCB拥有超过15年的历史，发展到现在MSCB这个名称已无法完全反映其下所有品类的特征了。在20世纪90年代大多是作为业绩不佳的企业筹措资金的手段而发行的被冠以海外CB或私募CB等名称的金融商品，实务中其业务背景存在不透明性。举两个例子。一是20世纪90年代后期作为BIS自有资本对策的一环，多

[①] 该类产品之所以被称为"可转股公司债"是因为可以将公司债转股成股票。龙田节《会社法大要》（有斐阁，2007年）325页。附新股认购权公司债券中也有在行使新股认购权时缴清股款获取股票且公司债仍存续到期满之日的模式，一般称之为"非分离交易附新股认购权公司债"。

家日本银行在美国市场发行附带价格下调条款的优先出资证券后其普通股股价大幅下滑;二是2000年至2001年间多家因资金不足而苦苦挣扎的企业在发行不设可转股债券价格下限的MSCB后其普通股股价大幅下滑。这两个例子中股价的下滑导致投资人对公司信用的疑虑反过来诱发了股价的进一步下滑,由此陷入了恶性循环最终导致公司破产。[2]这一些MSCB(本文中称"传统型MSCB")存在的问题与泡沫经济时期转股型公司债被以不利于发行公司的条件售出,诱发了大量利益从现有股东处转移至公司债权利人的问题[3]存在共通性。

自2003年起MSCB改变了其发行模式。采取了以定向增发向特定的证券公司发行的模式。而认购该MSCB的证券公司则会采取一边控制对股价的影响一边随时将公司债转股为股票并花费一定的时间逐步抛售到市场上或与机构投资人进行场外交易等新的金融手法。随着这些新的金融手段的普及,不仅是需要重整业务的业绩不良的企业会采用MSCB,有很多案例显示业绩坚挺的企业在追求灵活地扩充自有资本时也会将之作为一个多样化的资金筹措手段予以有效利用。[4]此类MSCB有着多种多样的称呼,[5]在本文中暂且称之为"基于新型融资手法的MSCB"。据日本证券协会股本市场委员

---

[2] 奥总一郎《以事业再生企业为对象的附带价格下调条款公司债(MSCB)》,银行法656号(2006年)42页。

[3] 参考川北英隆《可转股公司债发行条件的合规化》,商事法务1146号(1988年)18页等。

[4] 奥·前注(注2)42页。2003年12月野村证券经手的五十铃的业务就是此类业务的起点。

[5] "定向增发型业务""定向增发型融资""MPO""SPS"等。

会下设立的会员认购审查定位等相关工作组于2007年2月22日整理的报告书显示："近年来日本企业的（证券公司及其集团公司购入的）MSCB发行规模受2003年下半年其股票市场中股价环境的良性影响，2005年上半年发行61笔，发行金额达5079亿日元；2005年下半年发行73笔，发行金额达5426亿日元。占2005年上半年股权融资整体的比例也达到了57%，与近期上市企业的股权融资的比例相当。2006年度起随着股价环境的恶化，发行规模也呈减少的趋势，但仍有大量企业选择发行MSCB。"[6] 如下文所述，与经常受到质疑的海外CB或私募CB相比其不透明性已经得到很大程度的解决。这背后离不开相关人员在商品方案方面做出的极大努力。

MSCB最核心的问题是会不会不当地侵害现有股东的利益。专业从事证券商业法务的松本启二律师整理了他35年来的实务经验和业务创新，出版了一本著作，以期为今后的实务创新提供了一些启示，并为当前的法律的解释和运用以及今后的立法工作提供参考。[7] 在书中他指出："在引入附新股认购权公司债的2002年之前，证券业务律师往往都盲目的（或不得不）遵循旧大藏省指导的固定价格。在制定公募CB转股价格时按发行公司发行时股价为基础增加5%。在制定附认股权证公司债的初期行使价格时按发行公司发

---

⑥ 会员的承销审查的定位等相关工作组报告，《关于会员的认购审查的定位及MSCB运用的定位等——会员的认购审查的定位等相关工作组最终报告》，该报告可以在日本证券业协会的网站上获取。

⑦ 松本启二《跨境证券交易与企业金融——其实务与资本市场的幕后英雄们》（财政经济事务研究会、2006年）。该书选择的主题一般限于过去实务和创新中现在仍有实际意义或在被继续讨论的对象。从可转股公司债到包含MSCB在内的所谓私募CB的相关与欧元金融一并同为该书的核心内容。

行时股价为基础增加2.5%。大藏省的行政指导和对行政指导的盲从是无视了市场机制（或不懂市场机制）的一大弊害。这是所有从事证券业务的人员都应当予以时刻警惕的证券市场风险的一个表现。"在此基础上，松本律师又指出："除证券公司之间的业务竞争问题外，2002年前出现的上述案例也好，MSCB也好，都很有可能会发生证券公司与发行主体间相互勾结将现有股东的部分股权转移给新股东或证券公司等有损公平的事件，需要引起注意。"[8]

而这些问题并没有在2003年起运用的基于新型融资手法的MSCB中得以完全解决。MSCB也未必一定会使用上述的新型融资手法。即便是基于新型融资手法的MSCB，受优惠发行相关规定对公司债附带的新股认购权的限制的影响，目前发行可转股债券型附新股认购权公司债时，其附带新股认购权的认缴金额通常会设定为零[9]，每股行权价格往往被设计成行权时股价的90%。这也是目前的一个争议焦点。当然还有其他一些法律问题，比如MSCB在其性质上容易诱发通过做空股票来拉低行权价格的行为。出于对这种操纵市场性质的不正当交易的警戒，已经在研究讨论相关对策。还有目前出售MSCB转股后的股票并不受以金融商品交易法为前提的特别披露限制的约束，转售阶段缺乏保护投资人的措施也是一个问题。为应对这些问题，除了法律途径外，建立在证券公司的市场中介机制上的自主限制方面也有相应的动作。

下文先在"二"中重新确认一下传统型MSCB存在的问题，并在此基础上介绍一下基于新型融资手法的MSCB的特点。然后在

---

[8] 松本·前注（注7）218页以下。

[9] 这个问题在附带调价条款的附新股认购权公司债登场之前就已经在被讨论了，然而在采用新融资手法的MSCB中也未能得到解决。

"三"中围绕公司债附带的新股认购权与优惠发行限制的关系,探讨一下其法律层面上的问题。接着在"四"中对建立在证券公司的市场中介机制上的自主限制进行若干考察。最后在"五"中归纳总结。

二、传统型MSCB的问题和MSCB的现状

(一)传统型MSCB的问题点

至今仍有不少意见以发行MSCB存在让企业普通股的股价下跌的风险为由对MSCB持否定态度。如上文所述传统型MSCB中本就不乏业绩不佳的公司大量发行MSCB以及MSCB发行后股价暴跌的案例,而活力门事件[⑩]更是加深了投资人对MSCB的警惕。[⑪]

发行MSCB导致股价下跌的原因多种多样。其中并非只有源于MSCB的商品特性本身的因素。公开募股也好MSCB也罢,在股权融资过程中伴生的因素也是一大要因。[⑫]在此列举一些股权融资中的共通因素。首先是(潜在的)股票的增加稀释现有股东的利益。与稀释已发行股票的问题相关还有发行价格的高低、市场参与者是

[⑩] 2005年2月活力门以黎曼兄弟为承销商发行的MSCB是一个按周调整其转股价格的产品。而堀江社长(当时)持有的活力门的股票被贷给了黎曼兄弟(消费借贷)。黎曼兄弟靠借入的股票来做空活力门的股价,通过拉低MSCB的转股价格来增加获得的股数。参考大杉谦《围绕日本放送·活力门事件讨论证券交易法和会社法的问题》(证券分析员期刊,2005年7月号,28页和34页)。

[⑪] 参考大杉·前注(注10)34页。

[⑫] 以下整理大多参考奥·前注(注2)42页以下。

第六章　MSCB 相关的法律和实务应对

否认可股权融资中获取资金的用途等问题。除非让市场参与者认同资金用途可以为公司带来提升企业价值的效果，且该提升足以弥补融资对股票的稀释，否则就只会被认为是在销售会被稀释的普通股。此外如果说股权融资的实施是市场参与者拉高股价的体现，其结果之一便是普通股可能遭到抛售。[13]

再来看看源于MSCB的商品特性本身的因素。发行MSCB导致普通股股价下跌很大程度上源于MSCB的商品特性。MSCB的转股价格与未来的普通股股价相挂钩，该商品的持有人在行权时如果股价下跌则可以获得更多的股票。这会诱使该商品的持有人做出拉低股价的行为。而可以拉低股价的手段之一便是做空股票。实务中对冲基金等投资人做空普通股来拉低股价的案例并不少。换而言之，做空普通股诱发股价下跌则转股价格也会随之下跌，当股价（转股价格）跌至下限后再行使转股权平仓，则可以在实现极大差价的同时确保收益。发行MSCB的同时大股东向配股对象贷股方便其做空的情形也不少见。[14]但要注意即便发行MSCB时有进行借股贷股，

---

[13]　这种解释之所以能够成立是因为企业经营者认为，想要实施股权融资的时机往往是在他们高估企业股价之时。前注（注2）42页。

[14]　奥・前注（注2）43页。由大型证券公司认购的MSCB登场之前发行过一些被称为海外CB和私募CB的实际情况不透明的CB。关于此类CB的不透明的流通，在松尾顺介《MSCB与信息披露制度》证券研究报告1637号30页、36页以下中有过如下归纳概括："①中介人业绩不振的A公司斡旋私募CB项目，向A介绍X基金由X基金作为全额认购方发行私募CB，A公司实现资金筹措。②X基金借入A公司股票并准备做空。③操控A公司股价在股价高涨时做空并以此获益。④等股价降无可再降时转股CB以实货归还（或小幅度地反复操控并做空股价，在此过程中将CB转股为股票获取利益）。⑤再让A公司发行私募CB并重复前述操控。在此过程中发行股数增加。当股票价格应操控而失去市场反馈后X基金就抛弃A公司。"

那也未必只是以拉低转股价格做空股票为目的的。很多时候是出于转股请求手续上的需求即"套期保值"而进行的。[15]

即便没有上文这种做空市场价格的行为，当MSCB的买家是对冲基金等投资人时，通常的交易流程也会是在购入CB后拿普通股进行对冲以确保收益性。此时实股将变成空头头寸，必然地导致股价一定程度的下跌。[16]

（二）基于新型金融手法的MSCB的特点

在对2003年12月至2006年11月末期间基于新型金融手法的MSCB与公开募股给股价造成的影响的比对验证中"MSCB中既有股价上升的情形也有股价下降的情形。股价的变动往往根据每个商品的实际情况各不相同。但比对实际发行价格达到发行决议日收盘价90%以上的累计比例后会发现实际证明MSCB最终给现有股东造成的负担更小的情形并不少，很多情况下MSCB在实际中能够控制对股价的影响的同时灵活地实现自有资本的扩充"。[17] 虽然这并不意味着基于新型金融手法的MSCB已完全解决了传统型MSCB的风险和问题。但至少我们可以发现只要商品结构合理，是可以有效减少上述风险和问题。

---

[15] 参考藤冈智雄《可转股债券型附新股认购公司债》，收录于证券交易研究会编《新会社法的研究——金融相关修订》附录商事法务298号（2006）120页以下。此外股票交易的交割大多在约定日的3个工作日后进行。相对地CB转股的新股交付则多在转股请求的6个工作日之后。因此证券公司为能规避风险的同时顺利地抛售股票一般都会活用市场中的股票借贷。参考富永康仁《能回应各类需求的MPO的机制及其优势》，会计信息1072号（2005）第8页、11页。

[16] 藤冈・前注（注15）118页、奥・前注（注2）43页。

[17] 会员的承销审查的定位等相关工作组报告・前注（注6）16页。

第六章 MSCB 相关的法律和实务应对

基于新型金融手法的MSCB的结构特征有以下几点[18]：

①首先就如上文所述以对特定的证券公司定向增发的方式发行，证券公司将之一并购入。[19]接受定向增发的证券公司并不直接转售购入的MSCB，而是根据实际情况转将之换成普通股后在一定的期间内逐步在市场上出售，或者以场外交易的形式出售给机构投资人。这种方案中CB本身是上市的。

②转股价格附带调价条款。转股价格的调整频率多为每月一次（每月第三个星期五或第四个星期五等）。而按市价调整价格时多采用一定期间内平均收盘价的90%来定价。[20]调整转股价格时通常是既可能会上调也可能下调，但也有个别情况只做下调。当然很多时候会在发行时确定调整幅度。此时会在事先确定的转股价格的上限和下限之间进行调整。当转股价格不断（按月）调整至接近当时市价的水平的做法能够消除偿付债务前不被转股成股票的风险。即发行后股价下跌至低于转股价格的水平时，转股价格会被调整至比调整当时市价低5%—10%的水平，从而积极刺激公司债转股，进而有助于充实发行公司的自有资本。[21]MSCB发行的附新股权认购权公司债券大多为两年期债。如上文所述出于其容易被转换为股票的

---

[18] 下文内容参考藤冈・前注（注15）116页以下、冨永・前注（注15）9页以下、奥・前注（注2）45页等。详细请查阅上述文献。

[19] 除对证券公司的分配外，也有对部分银行或特定基金等的分配。

[20] 很多案例都是将转股价格调整为前五个工作日的平均收盘价或平均VWAP价（成交量加权平均价格）的90%（即10%左右折扣率的案例）。藤冈・前注（15）116页。

[21] 传统的CB在股价下跌至低于转股价格时不会发生转股。因此CB"将维持'负债'的状态，不仅不会帮助改善企业信用，还会在偿付阶段让企业承担再融资风险"。奥・前注（注2）45页。

商品特性,因此无需安排更长的发行年限。证券公司则可以在这两年内逐步分批出售转换而来的股票,从而尽可能地减小对股票供求关系及价格的影响。

③通常情况下公司债一般不设利息。对于发行公司而言可以降低转换之前作为负债的成本。而证券公司的收入方面,转换时的股价与行权价格间的差额既为投资人提供了按折扣后的价格购买股票的机会,又具备销售手续费的侧面。[22]此外尽管MSCB在②中描述的商品特性会让证券公司承担发行公司的信用风险,但几乎不用承担承销(股票价格变动的)风险也就不需要承销手续费。相对的一些比较依赖MSCB来筹措资金的企业,比如重整企业或上市年数较短的中小规模的新兴企业如果通过公开募股来筹集资金时,证券公司的高额承销手续费让其望而却步。[23]

④MSCB业务中证券公司与发行公司签订的购买协议里通常会设有转让限制条款,同时也会附带发行公司随时可以偿付CB的提前清偿条款(即所谓的回购权)。这些措施都是为了预防做空普通股导致股价下跌(进而稀释股票)。首先设定转让限制条款是为了确保证券公司不直接将MSCB转售给投资人,而是在转股成股票后再销售给投资人。如果没有该条款允许证券公司将认购的MSCB直

---

[22] 奥·前注(注2)45页、梅本刚正《MSCB与不公正的证券交易》,民商法杂志134卷第6号(2006年)881、898页。

[23] 即对证券公司而言承销信用存疑且流动性相对较低的公司的股票存在较大的风险,当然会收取与该风险对等的手续费。但超出发行面额5%—10%的手续费就会如上文那样给公司的损益带来不可忽视的影响。这样一来包括主要开户行等都很难予以同意。奥·前注(注2)44页。而再生企业和小新的创业型上市企业无法选择发行新股来公开募资的原因之一,就是证券公司的承销审查重视企业过去的业绩导致企业难以审查通过。

第六章　MSCB 相关的法律和实务应对

接转售给投资人，则一旦出售给意图通过做空股票拉低股价的方式来获益的投资人，而制定提前清偿条款也是为了确保在股价大幅下跌导致股票稀释程度超出预期时，发行公司可以通过提前偿付来避免进一步地稀释股票进而防止股价继续下跌。[24]要注意的是如果没有一个机制来保障行使偿付请求权则清偿请求权也就不具备牵制的功能。为此也就有了能确保在需要行使偿付请求权的节点能立刻准备现金的安排。[25]

以上概括了基于新型金融手段的MSCB的主要特征。这些特征都是总结了传统型MSCB的经验教训，为尽可能消除其弊端而在实务中归纳出来的手法。基于新型金融手段的MSCB并非单纯的"发行可换股公司债"，而是源于"公开发行股份的变种"这样一种思路的衍生物[26]，可以带来与发行公司频繁进行公开募股类似的经济效应。新型金融手段让MSCB的应用范围从原本设想的公司重整在这几年里扩展到了原本应该采用公开募股模式的健康企业的融资手段之上。下文将立足于上述特征从法律角度来探讨一下MSCB的发行。

---

[24] 因此即便约定了转让限制条款，证券公司也可以恶意将转股权分割出来出售给对冲基金等。这种情况下会发生与直接CB出售时一样的做空行为。奥·前注（注2）45页。而回购权还拥有这样一些效果。比如公司在发行后，发现有更好的筹措资金的方法可以立刻调转车头。或者由于不知道何时会被回购，证券公司不会将转换权搁置不理，从而达成促进转股的效果。新家宽《MSCB及新管制措施的动向》，MARR 2006年8月号10页。

[25] 发行后，需要密切关注权利行使情况，直到能确定向投资者的顺畅销售已经进行，可以考虑代价金池。详见奥·前注（注2）46页。提前偿付的对价根据具体时期，也就是每100日元的面额应对101—102日元的水平。发行公司在这方面实际负担几乎没有。参考藤冈·前注（注15）122页、冨永·前注（注15）18页。

[26] 奥·前注（注2）44页。

三、法律问题——围绕优惠发行限制来谈

（一）与优惠发行限制的关系

a. 问题所在

MSCB相关的法律问题中讨论最多的是公司债附带的新股认购权与优惠发行限制之间的关系。比如："……附转股调价条款的公司债、MSCB或附可兑换债有限股票发行后出于对股价被稀释的担心而导致公司股价大幅下跌的案例近期多有发生。而这些案例不正是市场对于新股优惠发行限制等规定的主旨（即防止已发行股票价格被稀释）实质上正在遭到'践踏'的现状而发出的'警告'吗？"[27]便是针对该问题的一种担忧。但很多案例中基于新型金融手段的MSCB在发行后相当长的一段时间都能维持相对比较稳定的股价，并不符合上述引用文章中的情形。在近期的发行CB的实务中附带的新股认购权的支付金额通常都定位零元。对此在附带调价条款的附新股认购权公司债出现前，实务上就一直在讨论是否应该结合公司债利息的问题来判断这种做法是否属于优惠发行。而这种讨论一直到基于新型金融手段的MSCB出现后仍在继续。而将每股的行权价格始终安排在行权时股价的90%也是在研究与优惠发行限制的关系时绕不开的问题。下文中先在优惠发行限制的框架下简单整理一下附新股认购权公司债的发行流程，然后再讨论一下上述与

---

[27] 斯克曼伯（Scramble）《附价格下调条款CB・优先股的问题》，商事法务1705号（2004年）118页。

MSCB的发行和优惠发行限制相关的法律问题。

b.发行附新股认购权公司债的流程

附新股认购权公司债的发行一般是依据新股募集认购的流程,并不适用公司债募集的相关规定(公司法第248条)。结果就是附新股认购权公司债的发行流程与认购股份的发行流程完全没有交点。即在公开公司中原则上依据董事会决议确定包含附新股认购权公司债中新股认购权的权利内容等募股事项并予以发行(公司法236条1款,238条1款,240条1款)。公司法第236条第1项规定了上述新股认购权的权利内容中必须规定的事。其中包括该新股认购权标的股票的数量(同股不同权时的层级,以及不同层级的数量)或者其数量的计算方法、该新股认购权的行权价格或其价格的计算方法,并且其旨在获取新股的数目(如果是种类股,还包括种类和每种的数目)或计算此数目的方法,新股权预约权的行权价格或其确定方法,以及以金钱以外的资产出资对新股认购权行权时包括出资目的在内的主旨、该财产的内容和价格及行权期限等。而公司法238条1款规定了新股权预约权的募集事项。其中规定除上述新股认购权的权利内容外,还应确定新股认购权的数量、新股认购权的对价或其计算方法、新股认购权的交割日等内容。当新股认购权的募集是附带在附新股认购权公司债之下时,还应确定募集公司债的总额、各项公司债的金额、公司债的利率公司债的偿付方法及期限等募集公司债相关的事项(公司法676条),且对于该新股认购权的购买请求的方法有另行规定时,该规定也包含在募集事项中(公司法238条之1的6款和7款)。按照公司法的定义可转股债券型附新股认购权公司债是将付新股认购权公司债的公司债部分作为行使新股预约权时的出资目的。即将公司法236条1款3项中的资金以

134

外的财产作为公司债。㉘根据其规定行使可转股债券型新股权认购权属于实物出资行使新股权认购权，原则上需要尽职调查（公司法284条）。当然在可转股债券型附新股认购权公司债中，新股认购权的一次行权就交付已发行股票1/10的股票的情形是非常罕见的（公司法284条9款1项）。㉙

公开公司的董事会确定上述募集事项后，应在交割日的2周前公告并通知确定的募集事项（公司法240条2款、3款）。与此相关，2005年商法修订前要求应公告并通知可转股债券型附新股认购权公司债附带的新股预约权的计算理由（发行价格为无偿时的理由。2005年修订前的商法341条15款3项和280条23款），而公司法不要求披露计算理由。就此而言，如果不披露计算理由则现有股东就难以了解董事会具体是依据什么来判断发行价格不属于优惠发行的，进而也会削弱股东拥有的禁止发行权（公司法247条）。㉚但另一方面依据修订前的商法的规定披露的计算理由有多大的意义也存在疑问。㉛

㉘ 相泽哲＝丰田祐子《新股认购权》，商事法务1742号（2005年）26页、北村雅史《公司债相关》，收录于证券交易法研究会编《新会社法的研究——关于融资的修正》附录商事法务298号（2006年）91、100页。

㉙ 江头宪治郎《株式会社法》（有斐阁、2006年）第700页。另外除本文所示的结构外，还有属于公司法676条4款和236条1款2项规定对象下述结构。即一旦行使新股认购权则对应的公司债被偿付，以偿付金额用于行使新股认购的出资目的。前田雅弘《新股认购权》，法律人1295号（2005年）52页注17。

㉚ 久保田安彦《可转股债券型附新股认购权公司债与优惠发行限制》，季刊企业与法创造2卷1号（2005年）71、72页。

㉛ 龙田·引用（注1）312页注23中提到："看到过'按布莱克舒尔斯模型计算得出'的表述，但我怀疑这种表述有何意义。"

第六章　MSCB相关的法律和实务应对

对于以上情况有必要指定一套程序，在向第三方提供优惠发行时，公开公司也需要向股东大会说明理由以证明这么做的必要性并通过特别决议予以决定。在此与发行募股等情形的差异之处在于可能存在无偿发行的情形。即附新股认购权公司债的新股票认购权部分中存在两种需要安排上述程序的情形。即无偿发行且对于新股认购权的认购人而言是"特别优惠的条件"，与认购金额对于新股认购权的认购人而言是"特别优惠的价格"（公司法238条3款，239条1款，240条1款及309条2款6项）。上文中的"无偿"是指不需要进行支付。

c. MSCB的发行和优惠发行限制

（1）关于CB附带的新股认购权的支付金额设定为零的问题

如今发行可转股债券型附新股认购权公司债的实务中，通常是将其附带的新股权预约权的认购金额设定为零，而这对于会计原则的实务是有影响的。对于附新股权预约权公司债中新股预约权无法与公司债分割的商品或发行后公司债与新股预约权可以分割转让的商品都只能采取债权区分记账的模式并计算新股预约权的价值后进行会计处理。[32]1994年引入的这一处理方式所带来的影响可以参考以下这段表述。"1994年海外募股的最大特征是附权证公司债的

---

[32] 对此"就新股认购权额公司债约定了注销理由与提前还款的同时也约定了注销和提前还款"等满足特定条件转股促进型CB在行使转股权后公司债随之消灭，公司债的偿付和转股权不可能同时存在。由此考虑到没有区分处理的必要性，当前还是允许一并记账处理的。参考企业会计基准实务应对报告1号《新股认购权和附新股认购权公司债会计处理相关实务上的做法》Q2。松崎为久＝寺田芳彦《MPO中发行、转股、偿付是的会计和税务》，旬刊财务信息1072号（2005年）25、26页。

大幅减少，1994年4月开始适用的附权证公司债的会计处理标准从'债权合并记账'改成了'债权区分记账'……债权区分记账中公司债部分的对价与面额金额的差价（权证部分的对价）作为'公司债发行差额'在整个偿付期间内平均摊销到损失中。而在行权期内未行权的权证部分的对价则成为了行权期限届满时的冲减收益。由此可见债权区分记账中产生的权证的摊销负担在帮助附权证公司债的发行企业减轻一些课税负担的同时也会成为压缩经常利益的因素。在依旧不景气的当下倾向于规避摊销负担的企业较多，这也导致了1994年度发行额的急剧减少。"[33]可见如果可转股债券型附新股权认购权公司债的新股权认购权部分采用与传统附新股认购权公司债一样的债权区分记账，则需要在认购权存续期间均等处理相关费用。而这又会导致财年内收益的减少。证券界对这种情况的担忧成就了如今的可转股债券型附新股认购权公司债发行的实务模式。[34]而这种实务仍存在是否属于优惠发行的问题，近年来不断在被讨论。

　　关于在什么情况下属于对第三方优惠发行新股认购权的问题，传统上一般采用预测今后股价为前提的思路，具体下文另述。而现在更多的是采取预估新股认购权本身的价值并以此为标准来判断是否属于特别优惠的思路。关于预测今后股价为前提的思路，其背后这样一种普遍的思考，即2001年11月修订之前对于可转股债券和附新股票认购权公司债而言以发行公司债时的股票市价为准，当转股价格或行权价格高于发行时的市价时原则上不认为是优惠发

---

[33]《增资白皮书》，商事法务1393号（1995年）91页以下。

[34] 松本・前注（注7）17页、江头・前注（注29）702页。

第六章　MSCB 相关的法律和实务应对

行。来看一下对这种思路在推导时的说明："单纯抽象地去思考会发现，虽然需要联系行使转股权或新股认购权时的股票价格进行判断，但实际中不可能预测转股公司债或新股认购权行使节点的股票市价，也就不可能预测并决定转股条件或新股认购权的内容。"这样一来就如上文一样不得不与当前的股价进行比较㉟，对今后股价的预测也就成为预估新股认购权本身的价值进行判断这一思路的起点。在2001年11月修订时也有过这样的意见，即以新股认购权行权期间发行公司合理的预期平均股价明显高于新股认购权每股发行价和新股预约权形式价格的合计金额时属于优惠发行。但这种思路明显是基于预测今后股价为前提的。采用这种思路等于是从根本上无视期权交易在经济上的特性。具体而言新股票认购权具有让持有人在股价高于行使价格时享受其利益的同时无须承担股价跌破行权价格时的风险（只要不行权即可）这种经济特性。为此即便行权价格与今后股价的合理期待值相一致，获取新股认购权则必然会获得一定的利益。但以对今后股价的预测为前提的思路则完全无视了新股认购权获取人能获得的上述利益。此外只要其他条件相同，行权期越长期权的价值就越高。以对今后股价的预测为前提的思路显然无法将这一点反映到对优惠发行的判断中㊱，其结果就是现有股东担心利益会结构性地转移给获取新股票认购权之人。实际中在泡沫经济时期就有过以不利于发行公司的条件出售可转股公司债导致大量的利益从现有股东处被转移至可转股公司债的债权人处。其原因之

㉟　前田庸《金融》，收录于《岩波讲座基本法学7 企业》（岩波书店、1983年）171、195页。

㊱　藤田友敬《期权的发行与会社法（上）——新股认购权制度的创立及其问题》，商事法务1622号（2002年）21页以下。

一应该就是对于期权对价的公正性的认识不足。[37]因此2001年11月修订后，更多地开始采用金融随机分析等期权分析模型来估测新股认购权的价值，并以此与支付金额进行比较来判断是否属于优惠发行，而且同时期的判例也采用了相同的思路。[38]

但即便估测新股认购权价值并以此为基准判断是否为优惠发行的思路，也不意味着当前实务中将可转股债券型附新股认购权公司债中的新股认购权的认购价格定为零的做法必然会被认定为优惠发行。在实务中就是将公司债的利率设定得比该公司发行普通公司债时的应付利率更低从而降低公司债的经济价值（假设偿付金额为100而经济价值只有80）。当认购附新股认购权公司债的投资人支付的金额（假设是100）过多，则多出部分（20）实质上等同于新股认购权的对价。[39]因为此时可以将公司债利率下调的部分在实质上和经济上视为新股认购权的对价，从而使否定该公司债属于优惠发行成为可能。基于2005年修订前的商法的规定，传统的（2001年商法修订前的）可转股公司债在持有新股认购权的投资人提出请

---

[37] 川北·前注（注3）22页、藤田·前注（注36）22页。另参考松本·前注（注7）114页。

[38] 东京地决2006·6·30判例Times 1220号110页、札幌地决2006·12·13金融商事判例1259号14页。前者指出："公司法238条3款2项中的以'特别优惠的金额'发行新股认购权是指以特别低于公允的认缴金额发行。在此新股认购权的公允的认缴金额是指在当前的股价、行权价格、行权期间、利率、股价波动率等要素的基础上根据期权定价理论计算所得的发行时的价格（以下称为'公允的期权价格'）。因此将公允的期权价格与董事会决定的认缴金额相比较，当董事会决定的认缴金额大幅低于公允的期权价格时原则上应视为优惠发行新股认购权。"后者也持完全相同观点。

[39] 江头·前注（注29）702页。

求时，附新股认购权的公司债全额冲抵新股认购权的行权价格以此替代债务的全额偿付（参考2005年修订前的商法341条3款1项之7）。与此同时又要求附新股认购权公司债中公司债发行价格需与新股认购权的行权价格相同（参考2005年修订前的商法341条3款2项）。因此为了维持与2001年11月修订前的可转股公司债相同的商品特性，确保"投资人支付金额＝偿付价额＝新股认购权的认购额"的结构能够成立，只能在发行时将新股认购权部分对价设定为无偿。在分析时也不得不接受这种解释。[40]

但在公司法中上述限制已经没有了。也就是说一直被认为是在商法限制上与经济实际情况存在偏差的问题，即公司债发行价格和新股预订权行使价格必须相同的要求已经被删除了。与此同时公司债全额冲抵新股认购权的行权价格以此替代债务全额偿付的规定也被删除了。[41]这一修订去除了新股认购权部分只能做无偿处理的制约。但这些修订造成的影响似乎并没有把当前的实务操作定性为违法的操作。[42]相对的从积极推动当前实务操作正当化的角度出发，

---

[40] 神田秀树《会社法》（弘文堂、第9版、2007年）289页、藤口友敬《期权的发行与会社法（上）——新股认购权制度的创立及其问题》，商事法务1623号（2002年）30、34页。

[41] 这些修订首先令新股认购权行权时一旦股票数出现小数可以在去除小数的同时以金钱偿付对应的价格。也就是部分公司债偿付款用于新股预约权的行权，余额则以金钱支付的做法。反过来也有新股认购权的行权价格高于公司债偿付价格的情形，此时就必须缴付新股认购权的行权价格减去公司债偿付价格的差价（公司法281条2款）。参考北村·前注（注28）100页。

[42] 参考证券交易法研究会编《新会社法的研究——财务相关改革》附录商事法务298号（2006年）112页以下。此外久保田·前注（注30）74页中指出今后的实务是否还会延续现在的做法，完全取决于CB的价格评估方法中哪种方法更合适。

着眼于新股认购权部分与公司债部分相互间紧密关联、自发行起至消灭时两者无可分割，以及不存在剥离新股认购权部分仅存续公司债部分的安排等特征，一般认为两部分的价值分开进行计算的方式并不契合实务操作。[43]进一步而言，长期以来不将新股预约行权价格定为零的做法视为优惠发行，仅依据董事会决议的实务操作的背景如下：以当前的会计规则为前提的话，则实务中发行方在规避债权区分记账导致的财年内摊提公司债发行差额损失而带来的经常损失这个问题上有强烈的需求。尽管这并不能成为实务正当化的理由。但在该实务需求的背景下，至少在公募欧洲债权时，所有对其合法性提出法律意见的日本的法律事务所都表达了这样一种意见，即法律稳定性也是司法判断的一个要素，法院应该也无法推翻这个长期发展而成的实务惯例。[44]

有种批评认为当前的实务是为了掩盖没有运用期权定价模型，对此如果主张明确界定公司债的对价部分和新股认购权的对价部分后予以定价方法并不契合对MSCB中CB的价值计算的话[45]，那么最充分的理由想必就是如下这个思路了。即便发行新股认购权的支付金额为零，只要公司已经通过公司债的支付金额获取了与新股认购

---

[43] 新家宽《MPO相关法律问题——是否属于优惠发行》附录，旬刊财务信息1072号（2005年）第14、15页。由于金融学专家出具的计算理由书中分别记载了各项目的价值，为此往往会将其合计价值视为CB的价值。但这只是为了方便而将新股认购权部分与公司债部分分配到各个项目中而已，MSCB中CB的价值并不是按各个项目价值的总和来计算的。

[44] 松本·前注（注7）262页。

[45] 久保田·前注（注30）75页以下中认为，无论是用明确区分公司债的对价部分和新股认购权的对价部分来决定的方法还是用当前实务中采用的方法，都无法实现CB价值计算结果的统一，计算结果必定存在相当大的不确定性。

第六章 MSCB相关的法律和实务应对

权的经济价值对等的金额,那么就不会对现有股东造成实质性的损失,也就不属于新股认购权的优惠发行(第238条第3款)。⑯当然即便接受这样的解释,就如学术上主张的那样对于发行程序中不明确新股认购权的经济价值的处理方式会导致其价值被过度低估,所以实务对应中也需要充分警惕这种风险。其中详细披露CB发行时使用的计算方法的信息,也可以减少股价被恣意评估的可能性的方法。作为对这种情况的限制手段,可以考虑通过法律规定将信息披露义务化。⑰结合近期自主限制的发展情况来看现阶段还是有希望能从这个角度出发形成一些规范。基于上文论述可以发现是否属于优惠发行的判断确实非常困难,但作为这种情况下的应对方式,除了活用期权定价模型来判断价格是否合适外,也可以考虑将发行公司董事会决策是否合适(对企业课以举证采取了合适的方法进行决

---

⑯ 江头·前注(注29)702页等。此外河本一郎《现代会社法》(商事法务、新订第九版、2004年)362页以下对于当前的实务提出了更为积极的正当化思路,即在分析是否属于优惠发行时还应考虑公司债的利息因素。

⑰ 久保田·前注(注30)第77页提出发行CB时应当要求公告详细内容的意见。然而根据2005年修订前的商法341条15款3项的规定,对于《新股认购权发行价格为无偿的理由》的内容,实务上的填写方式一般都如下例:"本新股认购权是可转股债券型附新股认购权公司债中附带的认购权,不可与本公司债分割转让。而且在本新股认购权行权后公司债抵充认购缴付而消灭。鉴于本公司债与本新股认购权相互紧密关联且本新股认购权价值与本公司债利率及发行价格等其他发行条件所获取的经济性价值,其发行价格定为无偿。"(有关飞岛建设株式会社2005年12月发行MSCB时公布的信息)而上文意见就是要改善这种情况,赋予信息以应有的意义。由此需要披露的内容包含:①采用了何种期权定价模型;②期权定价模型代入的参数有哪些;③尤其是不稳定性及发行公司的风险溢价是如何计算的;④如果基于整体评估,那么对于新股认购权的行权期及发行公司的提前偿付期有何种安排。

策的责任）也加入判断材料之中。MSCB的发行中董事会在决策时，经过合理的信息收集和讨论认为定价符合现有股东的利益时，则不属于优惠发行。[48]此外在这种意见中优惠发行的问题近似于不公正发行的问题。

（2）关于套用日本证券业协会规则

如上文所述基于新型金融方法的MSCB中公司债中附带的新股认购权的每股行使价格总是被设定为当时股票价格的90%。基于新型金融方法的MSCB在特征上类似于分期进行的普通股的第三方定向增发，所以在MSCB中CB是否属于优惠发行的分析可以参考第三方定向增发中是否属于优惠发行的讨论。于是在参考日本证券业协会的自主规则中除经股东大会特别决议后发行的情形以外的第三方定向增发的发行价格应当定为发行决议日前最后一个收盘价的90%以上的规定。[49]依据该规则，折扣率在10%以内的话不视为特别优惠的发行。

然而对于套用普通股的第三方定向增发的做法有人提出："股价为1时给出的0.9的价格和股价没有下跌风险时给出的0.9的价格，其意义并不相同。"[50]在MSCB中包括附带向上调价的商品在内这10%始终是有价值的。新股发行价格（支付金额）之所以允许10%的折扣，是因为第三方定向增发的过程中自发行决议日起至新

---

[48] 大杉·前注（注10）35页。该观点认为：前提是①发行价格方面现有股东的利益和发行公司经营层的利益大致相符；以及②发行公司经营层拥有充分的能力支撑与认购证券公司进行交涉。而最近一般都能满足①②这两个前提。

[49] 参考日本证券业协会《定向增资运用相关指导》（平成15年3月11日）。

[50] 江头·前注（注29）699页、川口恭弘《批评》法律人1332号（2006年度重要判例解说，2007年）108页。

第六章 MSCB 相关的法律和实务应对

股生效日为止的期间内认购人要面临股价下跌的风险,而且还有股价下跌的风险对预定发行的新股的消化率带来的影响。对照上市公司发行新股时允许以决议日股价为基础进行折扣的理由来看,生搬硬套到MSCB上的做法未必妥当。MSCB的持有人(证券公司)只在发起转股请求至受理之间的极短的时间内面临股价下跌的风险。而且由于可以自由选择转股权的行权时机,因此可以灵活控制风险。所以两者情况是有差异的。[51]

基于新型金融方法的MSCB的设计者们对此提出了如下反对意见。即便抛开日本证券业协会的规则和认可该规则有一定合理性的判例不谈[52],在对比行使MSCB中CB的转股权以每月市价90%的优惠价格发行的情形和上市公司委托证券公司发行公募认购时的情形后会发现,从发行公司或现有股东的负担来看10%算不上是特别大的负担[53],而且从证券公司承担的转售前价格变动的风险和资金成本风险来看,10%也谈不上很大的优惠。针对这种将之正当化的说辞,黑沼教授提出了这样一种意见:"公募中允许折扣是因为需要马上转售,流通量会由此增大。正是考虑到此时的可消化率才提供的折扣。相对的定向增资虽然要视情况而定,但如果不在证券市场上出售或是在场外出售的,则可以不需要顾及可消化率。对照公募

---

[51] 斯克曼伯·前注(注27)118页、久保田·前注(注30)79页。
[52] 东京地决2004·6·1判时1873号159页。
[53] 常规公募增资时通常的折扣率是在市场价格之上折扣2%、3%至5%左右,在此基础上再收取3%或更多一些的承销手续费。藤冈·前注(注15)122页。另外"通过约定发行公司今后可以提前回购,有必要的话由发行公司董事基于忠实义务约定回购全部或部分CB,以及切换至其他有利于发行公司的资本筹措、资金筹措手段等来避免现有股东在今后蒙受损失"。新家·前注(43)17页。

其折扣率可以定得非常低。在获取人是一般投资人而非证券公司的情形下，依据商法判断是否属于优惠发行时，我觉得并不需要去考虑转售的风险。当然只有这种情况下是不用去考虑的。作为证券公司希望以报酬形式填补这部分风险的话，完全可以用手续费形式来替换折扣。认购也好销售也罢，完全可以对这类业务收取足够的手续费。"[54]虽然会有不少意见与之相左，但既然与一般的公募相比允许提供折扣的原因不同，那么套用普通股定向增资的规则必然是不合适的。即便从现有股东负担的角度上来看其结果相同，但还是希望能够对形成其负担的要素予以明确。由此可见在黑沼教授所指出的方向具有重大的意义。

在上述与普通股第三方定向增发的对比讨论中还包括一些结合了MSCB发行公司的筹资便利性因素的对优惠发行问题的讨论。比如："表面上来看是负担了10%的折扣率，但这并不意味着能够一次性筹措到通常的公募增资所无法实现的资金规模，证券公司也无法转手就在市场上进行抛售。所以发行公司实际也是在权衡其中利弊并作出选择。"[55]在这些讨论的基础上，发行公司在资本市场上的资金调度能力的不同直接影响是否属于优惠发行的判断。[56]传统的研究中在讨论优惠发行问题其实是股票稀释的问题，应与发行时的市价进行比较的过程并没有引入这种思路。还需要

---

[54] 证券交易法研究会编·前注（注42）128页（黑沼悦郎发言）。
[55] 证券交易法研究会编·前注（注42）129页（藤冈发言）。
[56] 松本·前述（注7）231页。

第六章　MSCB相关的法律和实务应对

在逻辑上进一步予以探讨。[57]

（二）其他法律问题

此处再简单地谈两个优惠发行限制以外的MSCB的法律问题。这两个问题在第四节的自主限制部分也有涉及。

第一个问题。假设以合理的价格发行了新股认购权，即便是经股东大会的决议后发行的MSCB，其持有者仍然可以通过进行不当交易来确保获得利润。这种源于MSCB商品特性的问题是MSCB面临的最大问题。梅本教授的研究课题便是从法律角度出发讨论如何应对市场上可能存在不公平交易。[58]来看一下梅本教授的见解。不公正交易对策有两个研究方向。一是对MSCB的发行行为本身采取某种限制；二是对MSCB发行后证券市场上可能发生的不正当交易进行限制。考虑到（1）MSCB是一种有益于财务状况恶化需要重建的企业及信息不对称较严重的新兴企业的资金筹措手段；（2）即便为了保护现有股东对MSCB的发行条件进行限制，认购方也会依据发行公司的风险提出对应的条件，从而导致难以制定适用所有企业的要件；以及（3）如果能阻止滥用金融工具，则MSCB发行本身并不存在问题，重点还是放在对市场交易的限制。在对市场交易的限制中，操控股价相关规定（金融商品交易法159条）、人为的股价调整交易相关禁止规则（金融商品交易法38条6款，金融商品

---

[57] 证券交易法研究会编・前注（注42）第129页（龙田节说法）。此外松本律师又进一步深化了这方面的讨论。指出资金用途和优惠发行的法律关系是今后应当探讨的一个问题。具体而言就是对运用筹措来的资金能够提升企业（每股的）价值的"不属于优惠发行"，而不能提升企业（每股的）价值的"属于优惠发行"这种观点的讨论。参考松本・前注（注7）230页以下。

[58] 梅本・前注（注22）。

交易行业相关内阁府命令117条19款)、空头交易相关限制（金融商品交易法162条1款1项，金融商品交易法施行令26条3款26条4项）等对应措施都存在各自的问题。[59]最终还是需要通过综合禁止不公正交易的金融商品法157条来抑制MSCB中操控股价的交易，同时参考美国的情况来研究157条在运用中需要改良的部分。也就是说如果能将罚款适用到157条则可以在早期阻止过去那些在事实上逃避了限制的不公正交易，同时通过案例积累为今后确保启动刑事处罚的明确性。

第二个问题。基于新型融资手段的MSCB是采取私募的方式由证券公司打包购买，所以证券公司形式上没有认购审查[60]，对此是存在争议的。例如大杉教授就有过这样的论述："依据美国联邦证券法（1933年法）的规定，以拆分出售给公众为目的从发行人购买证券之人（2条a项11）属于负责制作提交披露文件的'认购人'（4条1项）。由此可推定MSCB的方案也属于公募。证券交易法中的公募限制能在信息披露等方面为保护投资人起到积极作用。如果都认同规避该限制的行为违反投资人利益这种思路，那么还是值得尝试在日本推广美国法律中的那种公募的概念[61]。"这个问题还涉及旧

---

[59] MSCB中的不公正交易可能不属于市场操纵规定（金融商品交易法159条）的情形，依据刻意操控市价交易的相关禁止规定又容易被规避，而空头交易限制的规定本身就存在问题，不宜严格化。

[60] 由于不是承销行为所以证券公司可以以投资人的身份认购，并在放置一段时间后将其转换为别的证券（普通股）后作为二级市场的股票进行销售。证券交易法研究会编・前注（注42）125页〔藤冈发言〕。

[61] 大樟・前注（注10）35页。以此为方向的立法讨论见黑沼悦郎《信息披露相关思考》收录于黑沼悦郎=藤田友敬《江头宪治郎先生60岁诞辰纪念・企业理论（下）》（有斐阁，2007年）595、619页以下。

第六章　MSCB 相关的法律和实务应对

股申购邀请的概念和定义，而商品设计者们会对此提出这样的反对意见。即便不采取"认购审查"的形式，证券公司也会就全额购买（投资）该商品进行决策。为此会进行与认购审查同等甚至于更严格的筛查。因此谈不上是在规避公募限制。[62]

四、自主限制方面的应对

（一）概要

日本证券业协会在2007年5月29日的自主限制会议上通过了制定理事会决议（自主限制会议决议）《关于会员参与MSCB等的处理》（2007年7月1日实施）。该理事会决议（以下或称《规则》）旨在通过规定在会员购买MSCB等商品时的确认期或观察期内限制空头交易、以在证券市场出售及行使新股认购权等相关必要事项，确保MSCB等的购买行为、MSCB相关流通市场中的交易以及新股认购权等的行使的公正性和灵活性。自主限制机构对于MSCB的该项应对以促进资本市场的健康发展为目的（《规则》1条）。而理事会的该决议也包含在证券业协会的规则中。[63]

---

[62] 奥・前注（注2）47页。另外大杉教授认为这种"规避"是否会实际损害投资人利益本身就是一个非常棘手的问题。大杉・前注（注10）35页。

[63] 证券业协会规则的组成部分有：基于证券业协会《章程》的《公正习惯规则》《统一习惯规则》《纠纷处理规则》。在此基础上还有细则的指导方针和理事会决议。岩仓友明《证券公司相关软法——围绕自主限制展开》，软法研究5号（2006）119、122页。

基于新型融资手段的MSCB本身就反映了实务中体现出来的那种尽可能减少其内在问题的智慧和善意。但也不能因此而忽视了MSCB的手法中依旧留有将发行公司和证券公司一体化并扭曲市场规则的部分。除了第三节中提到的法律措施外，证券公司等市场参与者的自主限制在MSCB的运用中也应该发挥重要的作用。[64]但另一方面现实中证券公司在市场上面临于同行间的竞争，自主限制执行得越严格则在市场竞争中就会变得越不利。考虑到所有证券公司都是日本证券业协会的会员，那么适用于所有会员的自主限制规定则有助于解决上述矛盾。[65]

下文重点围绕日本证券业协会理事会决议在实务上的应对，简单了解并分析一下限制规定的内容。[66]近期一些从软法研究角度出发的分析确实颇有益处，但受篇幅所限本文中不作过多展开。

（二）日本证券业协会理事会决议《关于会员参与MSCB等的处理》的制定

日本证券业协会的自主限制和证券交易所的自主限制一样是依据法律法规的制度。政府机构在开展合适的限制过程中如因成本等方面的原因而受到较大限制时，就有必要将自主限制机构的限制作

---

[64] 关于2001年11月的修订中存在立法阶段的解说有若干混乱，规定内容可能无意识地造成可转换债券业务中那样的混乱等问题，希望新股认购权制度在运用过程中能依靠市场参与者与法律专家的智慧和良心予以解决［藤田·前注（注40）35页］。这句话同样适用于法律规定中尚有不明确部分的MSCB业务。

[65] 参考松本·前注（注7）214页以下。

[66] 详见横田裕《MSCB等运用相关的理事会决议概要》，商事法务1805号（2007）4页。

第六章　MSCB 相关的法律和实务应对

为一种有效的抑制手段来发挥作用。证券市场就是一个典型。[67]本文讨论的《限制》也是金融厅出于明确MSCB购买时的注意事等目的作为一项措施委托协会制定的。金融厅发起的"证券公司市场中介功能等相关恳谈会"的论点整理（2006年6月30日）中就在证券公司对发行主体起到的检查机能一事有以下论述："特别是对于定向增资及所谓的私募CB（包括MSCB）等来讲，其具备作为企业再生等相关资金筹措手段的有效性，实际中也有相关筹措成功实现企业再生的案例。但同时也存在因发行条件和运用方法而导致股份被稀释现有股东利益受损的风险。证券公司在办理此类项目时［包含公司自己（关联公司）购买的情形和其他基金等购买的情形］应整理并明确需要注意的事项并将之规范化。恳谈会上提出的见解是，证券公司应分析对现有股东的影响等问题后设计合适的商品，同时根据发行主体（的经营者）对商品的理解水平提供充分的商品说明并指导发行主体做出必要的披露。"同时还提出："也请证券业协会能就如何明确定向增资及所谓的私募CB等的认购和购买时的注意事项进行研究讨论。考虑到证券公司作为市场中介人的公共性质，应当通过研讨来形成一个更着重于明确市场操盘手的自我限制的规范。"于是证券业协会股本市场委员会下设了以市场相关人员为主的工作组开展研讨，并于2007年2月发表了报告书《关于会员认购审查的定位和MSCB的处理方式》，而将该报告书的建议落到实处的便是本文所提及的《规则》。

《规则》中有以下一些规定。①购买MSCB等时的确认事项等；

---

[67] 关于基于法律的自主限制，参考大崎贞和《投资服务法与自主限制构的定位》，收录于神田秀树=资本市场研究会编《投资服务法的构想》（财经详报社，2005年）97页、99页以下。

②流通市场中交易的相关规定；③新股认购权等的行权限制等。联系MSCB来看：①主要是为了应对运用MSCB时股份稀释和股价下跌损害现有股东利益的问题。②主要是为了应对市场中可能会出现的不公平交易问题。即买进MSCB的投资人通过买进后的投资行为（以对冲为目的的股票做空等）所导致发行后股价下跌问题。而③则可以对以上两大问题都能起到一定的积极作用。具体而言，首先①规定的最低限度的确认事项包括财务状况和经营业绩、融资的用途以及对市场和现有股东的影响等项目，证券公司应在确认结果的基础上综合判断并在实施该项购买时承担对应的责任（《规则》4条）。如果MSCB等的发行是由证券公司向发行公司建议的，则应做好充分的商品说明（《规则》3条），以及证券公司在购买MSCB时应要求发行公司应就融资的用途、MSCB等的发行理由、选择分配对象的理由、发行条件的合理性、发行公司的高管及主要股东等公司相关人员进行股票借贷交易的预定、发行新股认购权等行权情况等事项进行适当的披露（《规则》5条）。其次②则是从作为市场操盘手的证券公司积极的自我约束的角度出发，对观察期（用于设定或修改行权价格的股价参考期，仅限于发行公司发表与MSCB等发行事宜相关的重要事实后）内MSCB等相关的做空和市场抛售设置一定限制的规定。⑱其内容为对价格的限制和对干预标准价格行为的限制（《规则》6—8条）。而③则是规定证券公司在购买MSCB等行为中应在与发行公司签订的购买合同中追加一定期间内将新股认购权等的行权（＝稀释股份）限制在一定比例内的条款并予以严格遵守（《规则》9条）。以上限制基本上就是以更契合实际操作的

---

⑱ 横田・前注（注66）6页。

方式对"三"中提及的法律中以限制为目的的MSCB等的发行条件,防止因运用方法而可能发生的股份稀释对现有股东造成的损害以及确保市场的公正性,防止市场中可能发生的不公正交易等要求予以明确化、具体化并确保限制的有效性。这些自主限制是对法律规定的一种补充。[69]但是从"简而言之如何体现包括MSCB等的发行条件在内的发行行为的合理性,即有没有相应的商业计划来展现如何使用融资来提升企业价值,能否充分对外说明发行公司如何通过此类商业计划来提升自身的企业价值,这才是关键"[70]的论述中就可以发现,购买MSCB等时的确认事项相关规定在对现有股东利益的影响方面考虑的要素远多于传统的优惠发行限制所考虑的要素。而正如我在"三"中说到的那样需要理论性地去研究讨论这些要素。比如信息披露方面在保护现有股东(防止利益转移)方面确实有积极作用,但在综合考虑的框架下围绕发行条件的思考多少还是有些缺漏。希望在实务运用中能够重视这个问题。

证券业协会在以上自主限制的执行中可以根据章程(25条)对违反限制的证券公司予以批评、罚款、暂停或限制会员权利或者予以除名。此外还可以章程(26条)予以警告。而这些章程中规定的执行权限均依据法律规定(金融商品交易法67条之8的1款10项、第68条之2)。当然仅靠这些规则并不能完全说明规则的遵守水平。[71]但法律规定中未明确的内容在规定中得以明确这件事本身就有助于减少会员自身的风险(法律风险和声誉风险等),因此也

---

[69] 证券公司相关软法几乎都属于这种补充型的规范。岩仓·前注(注63)124页以下。

[70] 横田·前注(注66)6页。

[71] 岩仓·前注(注63)127页以下讨论了软法能得到遵守的因素。

有助于提高会员对规则的遵守程度。

当然也存在证券公司的关联公司或基金等证券公司以外的投资人购买MSCB等的可能性。此时如果发行公司完全不尊重这些规则的主旨，则很可能会贪图方便避开遵守规则的证券公司出售给这些证券公司以外的投资人。这样一来不仅无法达成限制的目的，还可能诱发包括对现有股东影响在内的投资人保护方面的问题。[72]为此《规则》中还规定了证券公司以外的投资人购买MSCB时的实施规则（《规则》10、11条）。出于对上述风险的担忧，东京证券交易所于2007年4月24日公布的《上市制度综合维护项目2007》中要求日本证券业协会会员、证券公司以外的投资人进行购买时也必须遵守《规则》的规定。[73]

五、结语

特别是对于再生程序中的企业及刚上市不久还难以通过募股来筹措资金的新兴企业而言，MSCB是一个有效的资金筹措手段。能够对应发行公司复杂多样的需求灵活设定条件的金融方案本身就具有一定的意义。但也不能否认MSCB的模式也给了发行实体和投资

---

[72] 横田·前注（注66）8页。

[73] 东京证券交易所2007年6月25日就MSCB等发行和披露、定向增发等披露事宜，向上市公司代表提出以下要求：上市公司自身应充分理解MSCB等的商品性，发行时充分考虑对市场流通的影响以及股东的权利，在此基础上就资金用途和发行条件等做出适宜的信息披露。

人（MSCB的认购方未必是证券公司）沆瀣一气滥用金融商品的机会。避免MSCB被滥用是一大重要课题。而其中又以发行MSCB导致股份稀释及股价下跌对现有股东利益的损害，以及投资人在购买MSCB后开展或参与市场上的不公正交易为主。本文围绕相关问题的法律应对、实务应对，以及2007年5月制定的日本证券业协会的自主限制规则进行了一些分析。特别是自主限制规则着眼于契合实务的对法律规定的明确化、具体化，进一步提高了相关规定的有效性。此外基于新型金融手段的MSCB与自主限制规则的共通点之一便是在思考对现有股东利益的影响时，倾向于综合考虑发行条件的合理性与如何使用筹措的资金来提升企业价值等发行行为合理性。相比现在的一些优惠发行限制相关的实务操作更具现实意义，也有助于充实披露义务的内容，不过仍需要在法理层面做进一步的研究。本文在此仅做简单分析，详细则留作今后的研究课题。

野田博／一桥大学大学院法学研究科教授

第七章　证券分析师的监管

——比较监事和信用评级机制

高桥真弓

　　近年来证券市场信息中介监管制度的定位是一个热议的话题。虽然美日对证券分析师的监管制度已初步成形，但部分内容还是给市场环境带来了一定的变化。各类对信息中介的监管制度尚不完备的当下，也给予了我们一个契机来重新思考证券分析师监管制度。本章将在比较监事乃至信用评级机构的监管制度的同时，概览证券分析师监管制，并通过横向观察信息中介的监管制度来重新探讨监管的定位。

一、前言

近年来针对证券市场的"看门人"以及被称为信息中介的金融业参与者[①]的监管的定位成为了国际上的一大热议话题。美国自2002年《萨班斯－奥克斯利法案》颁布以来不断在推动各类信息中介的监管体系的构建和改革。而在日本针对审计人的监管分别在2003年与2007年对注册会计师法进行两次大规模修订。而信用评级机构方面针对次级房贷问题中浮现的证券化分级问题也在逐步收紧法律监管。

而证券分析师方面作为对发布不准确报告的公示案例[②]及美国的企业改革法的应对措施，2002年起就一直在分阶段修订日本证券业协会的规则。以前日本金融市场上证券分析师所起到的作用远不能和美国相比较。尽管如此，日本仍比照美国的相关监管制度修订在内容上引入了相应的规则。

[①] 由于没有专门的用语，所以本文中将用"信息中介"来指代获取和分析信息并提供给市场进行评估之人。

[②] ING巴林证券公司东京分公司2001年5月28日发表的大和银行相关报告在对改行自主资本比例至公允股价数值有误的情况下分发给了众多投资人。金融厅对ING下达了业务改善命令，责令其制定针对调查报告的客观充分的审查标准及审查体系，构建调查部门与股票・投资部门之间的信息壁障。See, Yasuyuki Fuchita, Financial Gatekeeps in Japan, at 38-39 in *Financial Gatekeepers: Can they Protect Investors*, edited by Yasuyuki Fuchita and Robert E. Litan（2006）. 日译：渊田康之＝Robert Litan《Financial Gatekeeps——谁是投资人的守护者》，东洋经济新报社、2006年。

然而近年来在美国，证券分析师所处的环境又发生了新的变化，其监管问题也在面临新的挑战。在其他各类信息中介相关法律监管的研究都逐步成形的当下，在重新审视证券分析师监管的定位时，有必要通过与这些研究成果进行比对来寻求新的着眼点。

出于这种想法，本文将比对同样承担证券市场的信息中介职责的审计人以及信用评级机构（国家认定的评级机构，以下简称NRSRO）[3]的监管来概览美日两国对证券分析师的监管。在此基础上再就横向比较研究信息中介监管相关问题时应注意的问题展开若干试论。

当我们讨论证券分析师的相关问题时可能会涉及信息的不当使用、民事责任的范围等各种领域。但本文的讨论范围仅限于确保分析师的分析评估的正确性方面的监管内容，并不会对其他领域作展开讨论。

二、证券分析师监管制度的对象

证券分析师一般是指为投资人预测企业业绩并公正客观地提供投资建议的人。[4]但其业务形态多种多样，美日两国均不具备网罗

---

[3] 日本没有直接限制信用评级机构或指定评级机构规定，所以信用评级机构主要参照基于美国2006年信用评级机构改革法的监管体系。关于该法的详细请参见拙文《美国信用评级机构改革法的制定（一）》，南山法学31卷1=2号（2007年）489页以下。

[4] 石田员得编著的《塞班斯法案概述》（商事法务、2006年）43页。

所有业务形态的监管体系。

美国目前的证券分析师相关监管制度以依据企业改革法501条而新订立的1934年证券交易所法15D条、为应对该条而制定的证券交易委员会（以下简称SEC）法规分析师认证（Regulation Analyst Certification以下简称"Regulation AC"），以及继承全美证券业协会（以下简称NASD）和纽约证券交易所（以下简称NYSE）的规则的金融交易业监管机构（以下简称FINRA）的规则等为核心构成。[5]

其中美国证券交易所法15D条（C）款（1）项中对"证券分析师"的定义是无论其职务名称为何，对研究报告的内容准备负主要责任的登记注册的经纪商或交易商的相关人员（包括其员工或受其控制之人），以及与该项准备相关提供直接或间接的证券分析报告的从业人员。而且该条规定仅涵盖与证券公司有密切关系的分析师。[6]此外在以适用其经登记注册的经纪商或交易商为前提的FINRA的规则中"调查分析师"同样仅限于这些注册会员的相关人员。[7]

相对的SEC规则中的Regulation AC则将"调查分析师"定义为"对研究报告的内容准备负主要责任的自然人"。其涵盖范围较

---

[5] 此外全美证券业协会（Securities Industry Association）及注册金融分析师（CFA）协会都向其会员证券公司和证券分析师制定了一定的行为准则。参见石田编著·前注（注4）54页注42·43。

[6] Sec.15D (c) (1) of Securities Exchange Act of 1934, 15 U.S.C.78o-6 (c) (1).

[7] See, e.g., NYSE Rules 472.40.美国自主限制机构的规则中对"调查分析师"的定义随不同条款而不同。此外会员分发第三方起草的报告的情形涉及不披露限制。See NASD Rule 2711(h) (13); NYSE Rule 472(k) (4).

证券交易所法和FINRA规则更广,其概念明确包括投资顾问业从业人员和其他人员。[8]然而该规则要求提供证明的主体仅限于经纪商和交易商,而且这些主体委托第三方提供研究报告时,只要该第三方分析师或其雇员满足一定独立性标准的话,则无须适用该规则。[9]由此可见该规则大致也只涉及分析师与证券公司等有密切关系的情形。

制定这些监管体系的背景也是证券分析师监管中最大的问题,即"卖方分析师"及其雇用方证券公司等之间利益冲突。"卖方分析师"一般是指受雇于提供包括投资银行事业在内的全方位服务的证券公司等,并为其提供分析评估工作的分析师。与机构投资人等雇用的在其内部开展分析工作的"买方分析师"或没有雇用关系的独立分析师等相对应。[10]卖方分析师从业人口仅次于买方分析师。与买方分析师不同,其报告或推荐会更大范围地直接或间接地提供给向广大投资人。当我们谈到证券分析师具有"市场信息中介"的职能时,更多的是指卖方分析师。

---

[8] 17 CFR 242. 500. See SEC, Regulation Analyst Certification: Final Rule, II-A-1,Release No_34-47384(February 20,2003),available at http://www.sec.gov/rules/fina1/33-8193.htm.

[9] 17 CFR 242. 501(b).

[10] See SEC, Investor Alert: Analyzing Analyst Recommendations, available at http://www.secgOv/investor/pubs/analysts.htm. 但对于独立分析师的定义也并不明确。不仅限于作为独立事业主体直接大范围地向投资人出售调查报告之人,为不开展投资银行事业的代理商提供服务的人也包含在内。它涵盖了与投行业务无关的经纪公司的分析师,这些分析师不仅直接向广泛的投资者销售报告,还为代理机构开展活动。See John C. Coffee, Jr., *Gatekeeper: The Professions and Corporate Governance*(Oxford University Press, 2006)at 274 n11.

作为卖方分析师的雇用方的证券公司等，随着买卖委托手续费的自由化所导致的价格战的白热化，其业务重心也逐步转向代理证券发行的代理或企业并购（M&A）的咨询和中介等投资银行业务上了。受此影响这些证券公司等的分析师也被要求提供有益于投资银行业务的分析。而这些要求加剧了卖方分析师的利益冲突问题，进而扭曲了分析评估的正确性。美国证券分析师监管制度正是聚焦于卖方分析师的这些问题而将监管的最终对象锁定在证券公司及其相关人员身上的。

另一方面，那些不受雇于提供全方位服务的证券公司的分析师的中立性和独立性也存在被过分夸大的情形。[11]证券市场信息中介提供的分析和评估原本就具有公共财产的性质，所以这些独立的分析师要确保足够的收入并不容易。为此以独立身份活动的证券分析师很多时候也不得不依附于一些大客户或依靠自身的投资活动。这种情况下很难保证完全的中立性。审计人、评级机构及经营独立事业主体的其他信息中介也存在与评估对象或大客户之间的利益冲突问题。这样一看，限制内容会因与证券公司等之间的关联性而被左右的监管体系还是需要重新研究整理的。

当然目前的监管体系在区分证券分析师和其他信息中介上发挥了必要的作用。证券交易所法和FINRA规则中对"研究报告"的定义是包含对各个企业或产业的股本证券的分析在内的，以为投资判断的基础提供合理充分的信息为目的的，以书面或电子为形式的

---

[11] See, e.g., Jill E. Fisch, The Analyst as Fiduciary: A Misguided Quest for Analyst Independence?（2006）,at 40-41 available at http://ssrn.com/absttact=934850.

信息提供。[12]常规的市场分析和向特定对象提供信息等都不在其定义的范围内[13],其要件也不包括"具备'推荐'的性质"。而在法规分析师认证（Regulation AC）中对"研究报告"的定义则不仅限于股本分析,对债券的分析包含在内。[14]这种扩大定义范围的做法反映了证券分析师所提供信息的多样性。然而该定义似乎难以将可转股公司债的信用评级这种通常认为属于其他信息中介的商品排除在对象外。相对的上述仅以与证券公司有一定关联的分析师为对象的现行证券分析师监管制度可以在结构上避免不具备上述关联的信用评级机构的分析师成为适用对象。于是现行的监管体系通过区分向市场提供的信息内容和信息公布主体的形式这两方面,着手分别对不同的信息中介制定对应的规定。

日本的证券分析师监管主要依靠日本证券业协会和行业团体（日本证券分析师协会）制定的自主限制。日本证券业协会制定的《分析报告等处理方式的相关规则》（以下简称《规则》）[15]从多种不同角度出发对证券分析师做出了相关限制。但与美国FINRA的规定相似,其前提是适用于证券公司等协会成员。而证券分析师协会制定的职业行为准则等[16],则一律适用于该协会的所有会员分析师,

---

[12] Sec 15D(c)(2) of Securities Exchange Act of 1934,15 U.S.C.78o-6(c)(2); NASD Rule 2711(a)(9); NYSE Rule 472.10(2).

[13] NASD Rule 2711(a)(9)(A)-(C); NYSE Rule 472.10(2)(a)-(C).

[14] See SEC, Regulation Analyst Certification: Final Rule, II-A-3, supra note 8.

[15] http://www.jsda.or.jp/html/kisoku/pdf/c014.pdf.原本的理事会决议经2007年9月18日的修订,成为了现在的自主限制规则。

[16] 日本证券分析师协会《证券分析师置业行为准则》《为提升证券分析师的职业道德》,收录于《为思考何为职业道德——规则与参考资料》,http://www.saa.or.jp/professional/s_rule.pdf.

无论其受雇于谁,同时不适用于非该协会会员的对象。也就是说日本证券分析师相关监管以会员资格作为是否适用的标准。

三、以确保分析和评估水平为目的的监管

(一)以确保证券分析师的分析和评估水平为目的的监管

美日对于以确保证券分析师的分析和评估水平为目的的监管的规定都相当有限。证券分析师的分析和评估过程中的相关监管仅限于对常规评估的合理性的要求以及主管分析师在公布信息前的审核及批准相关要件的规定等。[17]除第四节中的利益冲突相关的禁止事项之外,对于具体的分析和评估过程并没有太多的限制。而在确保证券分析师资质的从业条件方面美日也没有制定资格注册制度。虽然有行业组织认证的分析师(CFA:注册金融分析师)等资格认定制度,但此类资格并非成为专家的必要要件。

当然在美国根据证券业协会或证券交易所的注册要求[18],卖方分析师有义务参加考试和培训以维持其业务水平。即在注册分析师资格时除了需要通过证券业务从业人员资格考试外,原则上还需要通过考察股本证券的证券分析及评估的Series86和检查相关法律限制和自主限制机构相关规则的Series87[19]。在此基础上注册成功后仍

---

[17] 参考 See, e.g., NASD IM2210-1(6); NYSE Rule 472(a), (j) (1).《规则》4条等。

[18] NASD Rule 1050(a); NYSE Rule 344.

[19] NASD Rule 1050(a) (c) (d); NYSE Rule 344 interpretation/01 Qualifications. CFA考试的二次考试合格者免除部分考试。

需持续参加培训课程。培训课程分自主限制机构安排的指定培训（Regulatory Element）和公司内部培训（Firm Element）组成。后者的培训计划由每个会员证券公司根据自身的规模和结构、业务活动范围、监管状况以及对象分析师的水平自行制定。但其内容至少应当包括该会员证券公司提供的商品或服务等的一般性质及风险的相关要素、适用的监管要件、职业道德及专家的责任等相关内容。[20]

（二）对比审计人及信用评级机构的监管制度

美国卖方分析师制度中通过特定考试和持续性的培训课程来维持分析能力的相关安排，虽然在要求水平上有差异，但与审计人监管规定中获取资格参加培训的安排非常相似。相对地，NRSRO对信用分析师的规定中则除了要求披露最低限度的资质外没有就维持资质能力方面做任何具体规定，对分析师的能力进行判断的权力下放给了各信用评级机构。

证券分析师的分析评价过程相关监管较少的这种情形，与其说是类似于审计人依据审计标准或会计标准的规定进行的审计，不如说是类似于NRSRO的评级。与审计人的审计意见相比证券分析师和信用评级机构的意见更有必要确保其多样。

但是与NRSRO中严禁SEC和州政府限制信用评级的内容或评级的流程方法[21]相比，证券分析师的监管中没有此类禁止规定。而从NRSRO的此类禁止规定的背景来讲，有观点认为对部分信用评级的流程方法进行限制的做法属于侵犯合众国宪法第一修正案所规定的言论自由。但这么一来又会产生新的疑问，既然证券分析师的

---

[20] NASD Rule 1120, NYSE Rule 345A.

[21] Sec.15E(c)(2) of Securities Exchange Act of 1934.

分析评估的结果采取了与之类似的表现形式，那为什么没人认为证券分析师的报告和建议同样受言论自由的保护？如果说这种差异源于证券分析师提供的意见的商业性质更强的话，那么也可以认为现行的证券分析师监管制度的主要对象即卖方分析师与信用评级机构之间业务模式的差异也在一定程度上影响了监管制度的定位。

四、利益冲突限制

证券分析师的相关监管制度中占最大比重的是对利益冲突的限制。虽然证券分析师所处的环境各不相同，但大致可分为以下三类。[22]

（一）个人利益关系的相关限制

a.证券分析师个人利益关系引起的利益冲突规制

①利益冲突的情况

当证券分析师与调查对象公司之间存在持有该对象公司证券等个人利益关系时，完全可能会做出通过与发表的推荐信息相矛盾的交易来回避损失或者刻意扭曲公布的报告或推荐信息来创造一个有利于自己的结果等行为。在美国曾经有段时间发行公司普遍会在首次公开募股（IPO）时向有名的分析师分配或出售公司的股票来积

---

[22] 与下述一样，依据其分类决定：Jill E. Fisch, and Hillary A. Sale, The Securities Analyst as Agent: Rethinking the Regulation of Analysts, 88 *Iowa L.Rev.* 1035,1043 (2003).

极激发并利用分析师的利己心理。㉓

②限制的概要

针对这类现象，与美国的证券分析师监管制度并行采取了以下两种措施：1.将分析师的意见与其个人的经济活动相挂钩并予以规范。2.无视分析师的意见内容，仅对对象公司经济利益关系本身进行规范化。

Regulation AC中规定了前者的措施，要求发表、分发或提供调查分析师起草的研究报告的证券公司，在该报告中附带该分析师自行做出的明确鲜明的声明，且该声明应包含"本报告中体现的意见均正确反映了调查分析师对对象证券或公司做出个人见解"为内容的保证。㉔该规定并不仅针对证券分析师个人的利益关系，同时也针对所有刻意扭曲调查结果的行为。如果分析师开展的经济活动与其建议相矛盾，则上述声明就很可能是虚假的。㉕

相对的FINRA的规定则是禁止研究分析及与其共同生活之人（没有经济依赖关系之人除外）开展与该分析师最近提供的建议相矛盾的交易。㉖由此可见该规定原本就不允许适用其规定的分析师在建议"购入"或"持有"的同时做空对象发行公司的证券。

基于后者措施的FINRA的规定在原则上禁止以下两种交易：

㉓ Coffee, supra note 10 at 250. 2001年SEC的调查发现约1/3的受调查分析师在IPO前对IPO后成为调查对象公司进行了投资。

㉔ 17 CFR 242.501(a) (1).规定调查分析师在公开场合发表意见，也要就相关宣誓定期制作记录并提供阅览。17 CFR 242.502(a) (d).

㉕ 但SEC认为Regulation AC是在对基于联邦证券法反欺诈条款的民事责任上加码。See SEC, Regulation Analyst Certification: Final Rule, II-I, supra note 8.

㉖ NASD Rule 2711(g) (3), (a) (4); NYSE Rule 472(e) (3), 472.40.附例外，NASD Rule 2711(g) (4) (5); NYSE Rule 472(e) (4).

1.调查分析师或其共同生活之人在主营该分析师的平时调查对象公司同类业务的公司进行IPO前先行购买或获取该公司证券；2.在调查对象公司的证券相关调查报告或评级变更等发表日的30日前起至5日后为止的期间内购买对应的证券或相关金融衍生品。[27]而对分析师的研究报告有直接影响力和控制力的监督主管人员等，则规定未经法务或合规部门的事前批准不得交易其下属分析师的调查对象公司的证券。[28]除此以外对分析师的限制就只限于上述一定期间内的交易和违反最近推荐建议的交易了。

在该期间之外进行的交易以及有无个人利益关系的问题则是通过披露规定进行规范，即分析师必须在其起草的调查报告或在公开场合声明并披露以下信息：分析师本人及其共同生活之人有无与对象公司的证券相关的经济利益关系[29]；是否在对象公司内担任重要职务[30]；分析师在过去12个月内是否收取过对象公司的报酬[31]；以及研究报告发表时有没有分析师已发现的或应发现的实际中的重大利益冲突[32]。

日本也制定了在框架上与美国的监管制度相类似的规定，但其内容有一定的差异。比如相当于美国Regulation AC的《规则》10条3款要求协会成员指导和监督分析师不得为特定客户的利益而发

---

[27] NASD Rule 2711(g) (1) (2); NYSE Rule 472(c) (1) (2).附例外，NASD Rule 2711(g) (4) (5); NYSE Rule 472(e) (4)。

[28] NASD Rule 2711(g) (6); NYSE Rule 472(e) (5).

[29] NASD Rule 2711(h) (1) (A); NYSE Rule 472 (k) (1) (iii)b, (k) (2) (i)b.

[30] NASD Rule 2711(h) (3); NYSE Rule 472 (k)(1)(iii)c,(k)(2)(i)e.

[31] NASD Rule 2711(h) (2) (A) (i)b, (h) (2) (B) (ii); NYSE Rule 472(k) (1) (ii)al, (k) (2) (i)f.

[32] NASD Rule 2711(h) (1) (A); NYSE Rule 472(k) (1) (iii)b, (k) (2) (i)b.

表与自身意见相左的内容。由于规定不要求分析师自证，所以也无法指望规定在限制分析师不得开展与其意见相矛盾的个人经济活动上能发挥多大作用。

而卖家分析师的个人证券交易方面则依据《规则》15条1款来规范。对《规则》进行解释的《分析报告的处理等相关规则的思路》（以下简称《思路》）指出，原则上禁止分析师开展违背其报告中评估内容等的交易。其他交易方面虽然规定了需要调查部门负责人或内部管理部门的事前批准或原则上不得参与短期买卖等条件，但均未规定在对应期间内严禁交易。当然分析师或其家人（共同生活或同居的家人）持有对象公司的有价证券的行为属于重大的利益冲突关系，是分析报告中的披露对象（《规则》6条1项及《思路》）。

关于持有证券以外的经济利益关系则规定分析师担任要职的公司的分析报告不得由该分析师起草。其他利益冲突（如分析师是对象公司员工或顾问、分析师的家人是对象公司的高管等）方面和美国一样作为披露限制的对象进行管理（《规则》6条1项及《思路》）。

b. 与审计人、信用评级机构的监管制度的比较

审计人在被审计公司及其关联公司等之间有经济利益关系时的法律限制与证券分析师的限制相比，其范围更广规定更严格。在美国参与审计的合伙人等类型的会计师事务所的一定范围内的相关人员（包括担任审计负责人的合伙人在该次审计中开展工作的事务所所述的其他合伙人等）或其配偶等，存在对被审计公司或被审计公司的主要的投资对象、出资人等的股票或公司债进行投资[33]，或者与

---

[33] 17 CFR 210.2-01(c) (1) (i) (A) (E), (f) (11).cf. 17 CFR 210.2-01(c) (1) (i)(B) & (f) (9).

被审计公司或其高管或主要投资人之间存在债权债务关系[34]，亦或者上述相关人员与被审计公司之间存在除提供专业服务或日常消费者关系以外的业务关系[35]等情形时，则该会计师事务所对于该被审计公司不具备独立性。而不具备独立性的会计师事务所将无法做出美国各项联邦证券法案中要求做出的审计证明。[36]其结果制约了审计人在实施分析评估的同时保持个人经济利益关系的行为。

  雇用关系等相关规制的情况也被大范围适用。[37]会计师事务所的合伙人会计师、专业员工或者会计师事务所特定相关人员的亲属等，如果在开展审计工作的期间内与被审计公司或相关公司之间有特定的雇用关系或在其公司内担任重要职务的，则该会计师事务所对于该被审计公司不具备独立性。曾经是合伙人会计师的人员等（没有参与作为被审计对象的上市公司的审计工作之人以及参与了但已经经过1年冷却期的人员除外）担任被审计公司的会计负责人或财务报告监督人的，原则上做相同对待。

  日本的公认会计师法中也对注册会计师和审计法人做出了同样的规定。[38]而审计法人则还会受到公司法相关规定的监管。

---

 [34] 17 CFR 210.2-01(c) (1) (ii) (A).

 [35] 17 CFR 210.2-01(c) (3).

 [36] Sec.7 &: Schedule A(25) (26) of Securities Act of 1933,15 U.S.C.77g & 77aa(25) (26);Sec. 13(a) (2) of Securities Exchange Act of 1934,15 U.S.C.78m(a) (2).

 [37] 17 CFR 210.2-01(c) (2) (i) (iii),17 CFR 240.10A-2.

 [38] 参考注册会计师法24条1款·2款、28条之2、34条之11、34条之14之2；注册会计师法施行令7条1款1—2项、4—9项，15条1项、4—7项；财务报表等审计证明相关内阁府令2条1款1项、4—6项及2款1项、3—9号等。关于美日监管的区别请参见拙文《对审计人法律监管的再考察——参考看门人理论》，南山法学29卷4号（2006年）11页以下。

证券分析师监管中仅在特定的期间或情形下予以禁止,而其他情况下则以披露限制予以应对。而在审计人相关法律规定中则基本予以禁止,该限制范围之广覆盖整个审计工作的开展期间且涵盖部分离职人员。特别是在日本的分析师相关限制规定中受禁止规定约束的领域相对较少,与对审计人的监管有较大差别。

而信用评级机构也是如此。在美国参与NRSRO信用评级的信用分析师或其审批负责人直接持有评级对象的证券或其他财产时,或担任评级对象高管或董事时,原则上禁止该NRSRO确定或维持该评级对象的评级。[39]但是其他的NRSRO员工持有评级对象的证券等或与被评级者的特定业务有联系时,以披露信息及规定、维持及执行为应对利益冲突问题的方针和程序为条件,则是允许的[40];而信用分析师家属利益关系方面没有任何限制。

NRSRO的监管也以禁止为基础且未规定限制期限。但禁止规定覆盖的对象人员以及就职限制有局限等方面,与审计人相比较为宽松。

(二)对象公司及所属机构的利益关系相关监管

a.调查对象公司、证券公司的利害关系造成的证券分析师利益冲突的监管

①利益冲突的情况

在市场中具有一定影响力的信息中介因其业务性质影响即便没有特殊的个人利益关系也仍存在受来自对象公司的压力所迫而不得不扭曲评估结果的情况。对于对象公司而言,从分析师处获得符合

---

[39] 17 CFR 240.17g-5(c) (2), (c) (4).

[40] 17 CFR 240.17g-5(a), (b) (6) (7).

自己利益的报告或建议有助于削减资本成本调整市场预期。

而卖方分析师受其所属的证券公司中其他业务部门的利益冲突的影响，此类问题在部分情况下更为显著。美国证券公司的调查部门在发展过程中因其相对较低的收益性往往依靠其他部门提供的资金生存。而通过分析师调查来实现服务差异化的证券经纪人部门的买卖委托手续费收入是调查部门通常的收入来源。[41]但这种财源结构内生性会将分析师的报告或推荐朝利好的方向扭曲。从受理的交易业务来看推荐"买入"比推荐"卖出"更有利。因为前者可以推动占大多数的潜在客户参与交易从而扩大交易规模，而后者的客户群体则只有已经持有证券的投资人和愿意接受风险做空的投资人等少数对象。而且强推"卖出"可能会使大量持有证券的流动性停滞，不受机构投资人等大宗客户群体的待见。[42]

交易委托手续费自由化之后尤其是零散交易的手续费竞争激烈，导致提供全方位服务的证券公司的主力部门转向了投资银行业务。随着收益来源的变更调查部门的经济来源也逐步倾向投资银行业务，但这又引发了更严重的利益冲突问题。证券分析师给出的正向的报告和推荐，是成功实现证券发行及后续价格维持的一大要素。在投资银行部门接认购业务或M&A相关业务后，这样的报告和推荐在满足机构投资人客户提出的要求中起到重要的作用。自20

---

[41] 分析师的分析成本以包含在买卖委托手续费中的形式由投资人承担，即以所谓的Soft Dollar的形式收取。近年来出于投资人成本负担透明度的考虑，要求对买卖委托手续费明确用途披露相关明细。但这些规范也对独立的分析师造成打击。Fisch, supra note 11 at 11-12.

[42] Coffee, supra note 10 at 250-252. 这里解释了为什么独立的调查公司也很少推荐"售出"。

第七章　证券分析师的监管

世纪90年代起美国证券公司竞相聘用对市场价格造成生重大影响的"明星分析师"。通过参加路演（面向投资人的说明会），将业务助推（存在以限制发行公司或其现有股东在证券发行后一定期间内不出售其持有的对象证券为内容的锁定协议时，在限制期期满前由证券分析师出一份利好的分析报告）等实务操作常态化等方式让其积极参与投资银行业务。导入报酬与投资银行业务合同签订额绑定的浮动薪酬制度作为激励；反过来，对有悖于投资银行部门利益的报告和推荐采取减薪或解雇处罚的报复措施等都很常见。[43]

结果导致卖方分析师的调研活动必须有利于投资银行业务，而对于那些不能给银行投资部门乃至整个证券公司带来利益的报告和推荐则极少会被发表。分析师的推荐也因此明显倒向"买入"。实际中2000年制定企业改革法之前的统计数据显示证券分析师的推荐中98.4%是"买入"或"持有"，而只有1.6%是"卖出"。[44]当然担心自己预测失败而导致的群体行为也是让推荐倒向"买入"的原因之一。[45]在这种极端的推荐"买入"的背后正是证券分析师所面临的上述利益冲突带来的影响。

②限制的概要

限制证券分析师发表的意见与其真实意见相悖的规定同时也应对了相关利益冲突对评估意见的扭曲问题。特别是美国的Regulation AC通过要求证券公司获取分析师提供的证明，来赋予分析师以对抗来自雇用方压力的能力。[46]

---

[43]　Fisch and Sale, supra note 22 at 1052-1055.
[44]　Coffee, supra note 10 at 262.
[45]　Id. at 252.
[46]　Id. at 250.

证券分析师监管的核心问题即上述利益冲突的对策方面还有一些其他的详细规定。在美国对于源自此类利益冲突问题的追诉方面，2003年4月与SEC、NASD、NYSE等10家大型证券公司签订的一揽子协议（Global Analyst Research Settlements）也在其中发挥了重要的作用。㊼下文中将主要介绍自主限制机构的规则。

（1）结构性分割

美国FINRA规则禁止调查分析师服从投资银行部门所属人员的监督和指挥，禁止投资银行业务的实施人员影响或左右调查分析师的薪酬评估，以及禁止投资银行部门所属人员对未发表的分析报告进行审批等。㊽此类禁止也继承到了日本证券业协会《规则》10条1款和2款以及《思路》之中。尽管没有要求实现一揽子协议中提出的物理分割或预算流程的分割，但已经在指挥和薪酬体系上谋求证券分析师与投资银行部门的结构性的分割了。

（2）禁止参与投资银行业务的招揽客户的活动

美日两国均禁止调查分析师参与投资银行业务的招揽客户的活动。㊾特别是对于调查分析师参加路演活动以及在投资银行部门人员的陪同下与客户就投资银行服务交易进行沟通等行为都是明令禁止的。㊿同时也不允许投资银行部门的人员指示调查分析师参与投

㊼ See SEC Fact Sheet on Global Analyst Research Settlements (April 28, 2003), available at http://www.sec.gov/news/speech/factsheet.htm.

㊽ NASD Rule 2711(b) (1) (2) ; NYSE Rule 472(b)(1)(2).

㊾ NASD Rule 2711(C) (4); NYSE Rule 472(b)(5).《规则》11条。

㊿ NASD Rule 2711(C) (5); NYSE Rule 472(b) (6) (i).《规则》11条1项、3项以及《思路》。

资银行服务相关的销售活动等。(51)这些规定的目的在于减少对分析 169
师评估结果施加的压力和顾客方错误的期望。

（3）发行承接业务相关利益冲突的限制

在美国证券公司承接某发行公司的证券发行业务时，担任主承销商或副承销商的或者以其他承销商或交易商身份参加的，则该证券公司在特定的期间内不得发表该发行公司的相关调查报告，同时调查分析师不得在公共场合推荐该发行公司的证券，也不得就此提供相关意见。(52)在现行的监管体系下（1）担任主承销商或副承销商的，存在自IPO发行日起40日内的限制，之后的公募则有10日内的限制；（2）主承销商或副承销商之外的以承销商或交易商的身份参与的，原则上分别仅在IPO发行时有25日期间的限制。FINRA规则修订案中则提出了主承销商或副承销商仅限于IPO发行时也只需自募股之日起25日的限制。(53)修订的主旨为了充实向市场提供的信息量。

日本的《规则》6条3款也有类似的规定。但仅限于证券公司是IPO的主承销商时禁止标注对象的评级等信息。其特征是限制期限较短，自上市之日起10个工作日。

美国还就业务助推所伴生的问题采取的应对措施。证券公司在

(51) NASD Rule 2711(c) (6); NYSE Rule 472(b) (6) (ii)《规则》11条2项、4项以及《思路》。

(52) NASD Rule 2711(f) (1) (A) (B), (2); NYSE Rule 472 (f) (1) (2) (3).

(53) See SEC, Notice of Filing of Proposed Rule Changes to Amend NYSE Rules 472 and 344,and NASDI Rules 1050 and 2711 Relating to Research Analyst Conflicts of lnterest（January 9, 2007）[hereinafter “Proposed Rule Changes”] ,Release No.34-55072,available at http://www.sec.gov/rules/sro/nyse/2007/34-55072.pdf.

证券公募业务中担任主承销商或副承销商时，如果与发行公司及其股东签订锁定协议，那么原则上在该协议失效日或期满日的前后各15日内该证券公司不得发表或分发有关该发行公司的研究报告，同时调查分析师也不得在公开场合推荐该发行公司的证券或提供相关意见。[54]而对于这个规定出于充实所提供的信息内容的考虑，已经提出了将上述期间缩短为5日的修订方案。[55]

（4）禁止向目标公司承诺评估结果或事前提供信息

美国FINRA规则禁止证券公司为获得业务或报酬而向对象公司提供利好的研究报告、特定的评级或目标价格。[56]日本的《规则》12条也制定了几乎相同内容的规定并且对于约定起草分析报告本身也明确予以了禁止。

美日两国原则上也同样禁止向对象公司披露发表前的报告。[57]为确认事实而提供除评级或目标价格等以外部分的内容，则可以附条件地作为例外进行处理。美国在之后的评级等相关修订中追加了法务、合规部门书面许可等严格的要件。[58]

（5）分析师报酬的限制

美国对于控制利益冲突方面的一大重点，也就是分析师的报酬也做了详细的规定。首先Regulation AC要求证券公司等在研究报告等中披露分析师本人做出的以下声明：调查分析的报酬与特定的

---

[54] NASD Rule 2711(f) (4); NYSE Rule 472(f) (4).

[55] See SEC, Proposed Rule Changes, supra 53.

[56] NASD Rule 2711(e); NYSE Rule 472(g) (1).

[57] NASD Rule 2711(c) (1)-(3); NYSE Rule 472(b) (4).《规则》13条及《思路》。

[58] NASD Rule 2711(c) (2) (C); NYSE Rule 472(b) (4) (ii).

推荐或发表的见解没有直接或间接的关系（或在将来没有关系）。[59] 这与分析师的公开意见和其真实意见不一致的问题在思路上类同。但两者的差异在于不一刀切地禁止与特定推荐或意见相挂钩的报酬，只要说明酬来源、金额以及相关报酬目的并披露该报酬是否会影响报告中的推荐或意见，即可在发表了相关内容的声明前提下收取报酬。[60]

相对地，在投资银行业务和分析师报酬之间的关系上，FINRA的规则中则有更严格的规定。即证券公司不得就特定投资银行业务服务交易向调查分析师提供报酬[61]，调查分析师也不得获取特定的投资银行服务交易的奖励报酬。这里并不禁止证券公司可以根据组织整体的业绩向调查分析师提供报酬，只有从投资银行业务证券营收中获取报酬时需要披露相关信息。[62]

调查分析师对研究报告内容的准备负主要责任。其报酬除了上文中的在结构上予以分割外，还要求设立对该证券公司董事会（没有董事会时则是高级执行官）负责的委员会（不包含投资银行部门的代表）进行审批。[63] 该委员会必须说明调查分析师报酬的依据并在对该分析师的报酬进行审批后出具年度证明书予以证明。该审批主要考虑以下三个要素：（1）调研水平等该分析师能力；（2）其推荐与股价走势是否成正关联；（3）从顾客、销售等独立于投资银行部门的源头以及独立的评级服务公司处获取的整体性评级。相反对

---

[59] 17 CFR 242.501(a) (2) (i) .

[60] 17 CFR 242.501(a) (2) (ii).

[61] NASD Rule 2711(d) (1); NYSE Rule 472(h) (1).

[62] NASD Rule 2711(h) (2) (A) (i)a；NYSE Rule 472(k) (1) (ii)a.2.

[63] NASD Rule 2711(d) (2); NYSE Rule 472(h) (2).

投资银行部门的贡献不在考虑范围内。

禁止当调查分析师在报告等中发表了可能对目标公司与该证券公司之间的投资银行业务关系造成负面影响的消极的意见时，该证券公司或其投资银行事业相关员工以此为由威胁该调查分析师将对其做出直接或间接的报复。[64]该限制的主旨便是通过减薪和解雇等损失来扭曲证券分析师的报告结果的做法同样是不当的。

日本《规则》10条对应的《思路》中也认为分析师的报酬与发行承接部门或投资银行部门的特定案件相挂钩的做法有问题。但实际中在报酬问题上除上述的结构性分割外没有其他规定，也没有列明决定分析师报酬时应考虑的因素。甚至没有对在利益上施压的问题做特别规定。当然可以理解为常规规定足以应对这些问题，但也不能忽略明令禁止所带来的效果。

（6）披露限制

除上述规定外某些可能有损分析师评估的中立性的证券公司与对象公司的关系也必须在报告中或在分析师于公开场合发表的意见建议中予以披露。这有助于投资人判断证券分析师的报告和推荐内容的中立性。美国FINRA规定中的披露事项多种多样，其中包括以下内容。该证券公司等在过去12个月中担任调查对象公司证券公募的主承销商或副承销商时是否向对象公司收取投资银行服务报酬[65]；在研究报告公布日的前月月底是否以收益为目的持有对象公司1%以上的普通股[66]；或在过去12个月中是否向对象公司收取过投资

---

[64] NASD Rule 2711(j); NYSE Rule 472(g) (2).

[65] NASD Rule 2711(h) (2) (A)(ii); NYSE Rule 472(k) (1) (i)a.

[66] NASD Rule 2711(h) (1) (B); NYSE Rule 472(k) (1) (i)c.

第七章 证券分析师的监管

银行服务以外的其他商品或服务的报酬等[67]。在此基础上还要求该证券公司披露被其评估为"买入""持有""卖出"对象的各类证券的比例以及在各类别中过去12个月内投资银行业务服务的客户公司所占比例。[68]这些事项应在研究报告的封面上披露或者在封面上注明披露事项的登载页数。[69]

日本的《规则》6条除了对股票等的新股申购邀请与老股申购邀请中证券公司担任主承销公司时，自提交有价证券备案书文件之日起1年内发表该发行公司的股票有关的分析报告的情形有规定外，当证券公司和对象公司之间存在重大利益冲突时也要求在分析报告中注明相关信息。《思路》对利益冲突的定义中包括属于母子公司及关联公司的、兼任高管的、持有股份超过5%等情形。与美国的证券持有情况披露要求相比，日本的规定相对有限。

如上所述对于投资银行部门相关的利益冲突已经有了详细的制度。但对于分析师和经纪商方面美日两国均没有任何对其工作予以分割的举措。导致分析师难以对抗来自受托交易部门或其背后机构投资人的明示或暗示的压力，结果推荐内容仍可能会偏向"买入"。

b. 与审计人、信用评级机构的监管制度的对比

审计人和信用评级机构因其业务模式而并不必然地依赖同一经济主体内的其他部门。与投资银行业务的关系上未必会面临与卖方分析师相同的利益冲突的问题。反而是来自评级对象公司的直接压

---

[67] NASD Rule 2711(h) (2) (A) (ii)a; NYSE Rule 472(k) (1) (i)d2.

[68] NASD Rule 2711(h) (5) (A) (B); NYSE Rule 472(k) (1) (i)g.

[69] NASD Rule 2711(h) (10); NYSE Rule 472(k) (1).在修订案中允许通过在报告封面上标注参考信息的形式在证券公司网站上披露相关信息。SEC, Proposed Rule Changes, supra note 53.

力或与之合谋的风险更高。而对于此类风险特别是审计人方面更是在寻求通过导入轮换制度、让审计机构参与选聘和报酬制定等措施来确保其中立性。[70]

然而近年来审计人和信用评级机构这两类信息中介因其主营业务下附带业务的规模扩大而面临附带业务引发的利益冲突问题。随着附带业务收益性的提高，收益性相对较低的主营业务反而沦为了获取附带业务的手段，从而引发了与卖方分析师类似的利益冲突问题。

特别是在美国，自20世纪90年代以来审计人的这方面问题在逐步显现。大型会计师事务所的非审计证明业务的收入占整体收入的比例日益增大，审计人的合伙人的报酬引入了与该业务挂钩的激励机制，由此导致会计师事务所及其合伙人遵从被审计公司经营层的意愿时可以获得更大的收益进而歪曲审计意见。为此原则上禁止同时提供审计服务和非审计服务，由此大幅限制了审计人提供的非审计服务。即美国的注册会计师和注册会计师事务所在开展审计及专业性的服务的同时，原则上向被审计公司提供下列业务等同于否定其中立性，属于违反证券交易所法的行为。一是等同于自我审计的业务（被审计人会计账簿或者财务报表相关记账服务等），二是涉及被审计公司经营决策的业务（经营职能、人事业务等），或三是代表被审计公司利益的相关业务（投资顾问服务、法律服务等）。[71]以获得审计委员会（没有时以董事会替代）事先批准为条件，

---

[70] 参考拙文·前注（注38）16—18页、22页以下。

[71] 17 CFR 210.2-01(C) (4) (i)-(X).See also Sec. 10A(g) of Securities Exchange Act, 15 U.S.C. 78j-1(g); 17 CFR 240.10A-2.但特定情况下经PCAOB的确认后可以作为个案不予适用。Sec.201(b) of Sarbanes-Oxley Act of 2002.

第七章　证券分析师的监管

允许同时提供上述以外的非审计证明业务[72]，但会计师事务所获取的报酬应予以披露。[73]另外在开展审计及专业性业务期间，如果审计合伙人与被审计公司签订合同提供非审计业务获取报酬时，原则上不被视为独立于该会计师事务所的行为，在事实上禁止支付激励报酬。[74]这些美国的监管制度已在一定程度上移植到日本的审计人监管制度中。日本的注册会计师原则上禁止向大型被审计公司同时提供非审计业务。[75]

信用评级机构方面近年来随着非评级业务的增加也造成了一些问题。美国2006年的信用评级机构改革法中也提到随着NRSRO的商业模式多元化的可能性的增加，今后评级业务及其他业务中与被评级对象的利益冲突也会愈发严重。出于这种担忧，美国禁止NRSRO对上个财年向其支付了其净收入总额10%以上收入的对象提供信用评级或维持评级的服务。[76]

同时对于信用评级机构也规定了以下禁止事项。1.要求评级对象等从该NRSRO或其关联方购买信用评级以外的服务或商品；2.根据评级对象等是否购买该NRSRO或其关联方提供的信用评级或者其他服务或产品，来对评级结果做出违背该NRSRO既定流程或方针的修改或者以此相要挟。[77]

---

[72]　Sec. 10A(h) of Securities Exchange Act, 15U.S.C.78j-1(h).

[73]　See, e. g., Form 10-K General Instructions, Part Ⅲ. Item 14 (1)-(4);17 CFR 240.14 a-101 Schedule 14A.Item 9.

[74]　17 CFR 210.2-01(c) (8).

[75]　参考注册会计师法24条之2、34条之11之2之1项，注册会计师法施行令8—10条，注册会计师法施行规则5条、6条。拙文・前注（注38）16页以下。

[76]　17 CFR 240.17g-5(c) (1).

[77]　17 CFR 240.17g-6(a) (1)-(3).

与NRSRO的评级存在法律上或合同上的利益关系的对象向该NRSRO支付评级相关订阅费或评级以外的服务的对价的情形属于利益冲突行为的披露对象。但该项披露只需公示存在利益冲突等常规内容无须公示详细内容。[78]对于信用评级机构中信用分析师的报酬，也只需在提交给SEC的非公开文件中注明全体分析师的年度总薪酬及其中位数。[79]除此之外没有其他特别的规定。其薪酬形式和业务模式下依旧存在部分信用评级机构的信用分析师因激励报酬而扭曲评级结果的可能性。

（三）对象公司在信息提供上施压相关的监管

a.针对证券分析师的在信息提供上的施压相关的监管

能否从对象公司获取信息在很大程度上影响着证券分析师的分析和评估的结果。尤其是在对象公司通常不公开业绩预测的美国，从对象公司获取信息将之反映到调查报告并提供给市场是证券分析师重要职责。为此分析师很有必要和对象公司保持友好的关系。而对象公司的管理层在维持股价的问题上承受着极大的压力，所以他们很厌恶来自分析师的消极评价。这样一来这些公司的管理层会不当对待做出了消极评价的分析师，对其采取切断信息源等报复措施。[80]

---

[78] Form NRSRO, Instructions for Specific Line Items, Exhibit 6.See SEC, Oversight of Credit Rating Agencies Registered as Nationally Recognized Statistical Rating Organizations: Final Rule, Release No.34-55857（June 5, 2007）, available at http://www.sec.gov/rules/final/2007/34-55857.pdf.

[79] 17 CFR 240.17g-3(a) (4), Forin NRSRO, Instructions for Specific Line ltems, Exhibit 13,supra note 78.

[80] Fisch and Sale, supra note 22 at 1054.

第七章　证券分析师的监管

对此美国 SEC 依据公平披露规则（Regulation Fair Disclosure，以下简称 Regulation FD）禁止对象公司选择性地向卖方分析师提供信息。这是一项日本没有的措施。该规定要求发行公司或其代理人在向经纪商、经销商、其相关人员、投资顾问、特定机构的投资管理人、投资公司或持有该发行公司证券之人等披露与该发行公司或其证券相关的重要未公开信息时，如果是故意的披露则应同时向公众公开该信息，如果非故意的则应尽快公开。[81] 该规定不单纯是为证券公司而制定的，缓解分析师的压力也是其目的之一。这样一来对于可能会做出对自身不利的评估的分析师对象公司将无法采取不提供未披露的重要信息等报复措施了。也有意见认为 Regulation FD 同时也削弱了卖方分析师的巨大影响力的背景即信息优势，其评估的价值也随之被拉低。[82]

然而 Regulation FD 并未禁止向分析师披露不重要的信息。分析师可以毫无阻力地以此为信息打上"马赛克"将之包装成为一个重要的信息。而对信息重要与否的判断是建立在投资人理性客观的分析之上的。对于那些只有作为专家的分析师才能理解其意义的信息，其提供与否并不受 Regulation FD 的限制。[83] 由此可见对象公司在信息提供方面依旧拥有施压的能力，被对象公司判断为敌人的分析师依旧会遭受拒绝回答问题或不被邀请参加电话会议等不当待遇。[84]

---

[81]　17 CFR 243.

[82]　Coffee, supra note 10 at 264.

[83]　SEC, Selective Disclosure and Insider Trading: Final Rule, Release No. 33-7881（August 15, 2000）, available at http://www.sec.gov/rules/final/33-7881.htm.

[84]　Coffee, supra note 10 at 251-252.

b. 与审计人、信用评级机构的监管制度的对比

而审计人和信用评级机构（仅限于以评级为目的提供未公开信息且该信用评级机构的评级可公开使用的情况下）在 Regulation FD 中明文规定不是适用对象。[85] 与审计人共享重要的未公开信息是出于正当业务目的，与信用评级机构的共享和与媒体共享一样是为了向公众披露，而且评级机构也不存在选择性披露的问题，基于以上原因也就无须适用其规定了。[86]

一般会计审计不会出现多个审计人竞争的情形。因此仅对部分审计人提供信息不对其他审计人提供信息的做法基本无法构成报复措施。被审计公司对审计人匿藏信息反而是个单纯的违规问题。

在信用评级方面虽然有多家评级机构以一家公司或证券为评级对象的情形，但证券分析师遇到的那种以不提供信息为报复手段的做法并不是什么大的问题。因信用评级机构出具的评级意见的性质使然，评级对象的未公开信息的相对价值不高也是一个因素。当然还有一个不能忽略的影响就是信用评级业务缺乏竞争性。

五、证券市场对信息中介的监管方式

（一）构建证券分析师监管制度所带来的变化

如上所述现行的针对证券分析师的监管制度是以卖方分析师为

---

[85] 17 CFR 243.100(b) (2) (i) (iii).

[86] SEC, supra note 83.

对象围绕保持其对投资银行业务的独立性制定的。部分意见甚至认为美国的这些规定与过去法院的认定不同,它将分析师定位成了一般投资人的信托人(Fiduciary)。[87]

而相关制度的制定在美国更是极大地改变了证券分析师的行为方式和他们的业务环境。比如说尽管"卖出"的推荐仍大幅少于"买进"的推荐,但两者的差距已不如以前那么极端了。[88]部分研究显示分析师的推荐有助于预测投资的收益性,市场也越来越愿意全盘接受分析师的意见。[89]同时也有不少分析师做出有悖于投资银行部门利益的评估之类事例显示来自证券公司内部的利益冲突问题呈减少趋势。[90]可见此类监管制度的制定有效地阻止了对分析师的分析评估的扭曲,提高了分析精度。

但这一系列的限制也影响到了证券分析行业的形态。证券公司内对调查部门和投资银行部门的分割导致调查部门的员工数和预算显著减少[91],其结果就是证券公司的调查部门大幅缩减了其调查对象。[92]例如,对4000多家上市公司开展追踪调查的路透调查

[87] Fisch, supra note 11 at 3.

[88] Coffee, supra note 10 at 270. 2003年中期当前的统计显示经纪商的推荐中47.9%建议"持有",35.9%建议"买入",16.5%建议"卖出"。See also Joint Report by NASD and the NYSE on the Operation and Effectiveness of the Research Analyst Conflict of Interest Rules (December,2005) [hereinafter "Joint Report"] at 17-20, available at http://www.finra.org/web/groups/rules_regs/documents/rules_regs/p015803.pdf.

[89] Joint Report, supra note 88 at 21-24.

[90] Id. at 24.

[91] Id. at 27-28. 同时调查业务的外包方面也在推进中。

[92] 经纪商、交易商的调查部门受一揽子协议的影响在1年多的时间里减少了20%以上的公开公司的覆盖率。Coffee, supra note 10 at 274 n7.

（Reuters Research）在报告中表示截至2004年1月，追踪调查的对象中有666家公司无法覆盖到。这个数字大大高于2002年的85家。[93] 特别是以规模较小的公司为对象的调查有显著的减少。未被分析评估的公司中有99%的公司规模未达到市值10亿美元的水平。[94]

在这种情况下部分卖方分析师都转向机构投资人内部的买方分析师。然而买方分析师的报告和推荐不会在一般市场上发表，结果导致了以新兴企业为对象的市场中的信息不对称和价格不透明愈发严重，进而可能导致资本成本的增加。[95]也有人担心调查部门的分离和组织缩小可能会影响到分析和评估的质量。随着与投资银行部门之间的增益效应的减弱[96]以及分析师在每个公司分析上能花费的时间的减少，[97]分析报告的信息价值也可能随之减少。

卖方调查的减少又导致发行公司无法获得分析师的分析，由此不得不在实务中雇用独立的分析师来起草调查报告。[98]再加上一揽子协议中规定10大证券公司有义务向客户提供5年独立调查公司出具的调查报告。在这些外力的驱使下证券分析师的业务模式在逐步发生改变。[99]同时证券分析师的经济来源的变化也意味着分析师将

---

[93] Joint Report, supra note 88 at 26.

[94] Id. at 25-26.

[95] Fisch, supra note 11 at 3.

[96] Id. at 25.

[97] Coffee, supra note 10 at 281 n115.

[98] Id. at 271.

[99] See SEC Fact Sheet, supra note 47. 参考渊田康之《作为金融看门人的分析师》证券分析师杂志2007年8月号38页下。一揽子协议的目的在于促进独立调查机构的发展，但未能实现预期效果。Fisch, supra note 11 at 40.

面临新的压力源，同时其独立性也会面临全新的问题。(100)

另一方面源于投资银行业务的利益冲突问题虽然呈减少的趋势，但考虑到卖方分析师的雇用形态和薪酬来源，要完全消除利益冲突仍有困难。再者上述监管措施也几乎没有对受托买卖业务部门的相关利益关系导致评估结果被扭曲的情形做出应对。当机构投资人的大宗交易能为所属单位甚至于分析师本人带来利益的话，分析师们往往不会主动拉低评估结果。

随着证券分析业务形态的转变，实务中也出现了一些谋求从根本上解决利益冲突的尝试。其中之一便是分析师中介体系。(101)第三方经纪人选聘独立开展调查的分析师向其支付报酬，而对象公司则向中介支付费用的模式。通过由中介选聘和支付报酬的形式来阻断外部对分析师施加的压力。同时对象公司也能借此向市场宣传自己获得了中立的评估。此类中介模式能否成功取决于中介在人选安排上的可信度以及成本问题带来的影响。当然后者也要对比从市场上能获取的信息正在减少这个现行的法律规定下的成本问题后综合分析。

综上所述我们可以发现法律规定及以法律为准的相关制度给信息中介的商业模式、利益冲突的形态以及内含这些问题的市场环境带来的多种多样的变化。

（二）设计信息中介相关监管制度的出发点

如上文所述，证券分析师、审计师和信用评级机构相关监管制度的制定和实施都彼此相互独立，存在明显的差异。一般而言美

---

(100) Coffee, supra note 10 at 271; Fisch, supra note 11 at 43.

(101) 2005年设立的National Research Exchange和Independent Research Network便是此类中介人的典型例子。Coffee, supra note 10 at 346-347.

日两国对于审计人的独立性要求较高,并设定了相对严格的监管制度,而卖方分析师的相关监管制度的大部分都是对源自投资银行业务的利益冲突问题进行限制的规定,与审计人同时提供非审计业务的相关限制相比还是相对宽松的。进一步而言卖方分析师以外的证券分析师只要与证券公司没有交点,则基本不受监管制度的限制。信用评级机构的相关的法律规定最为宽松,即便在美国制定了新的法律法规后除部分禁止事项外大多仍依靠披露规定来制约。

总览各类信息中介的相关监管制度的定位以及证券分析师所处市场环境的变化,可以发现这些信息中介的相关监管制度中存在值得横向比较的要素。下文中将从不同角度出发进行论述。这些角度彼此间存在有机的联系并不相互独立。[102]通过凑够不同角度出发的整理研究,有助于分析各类信息中介的监管制度应该如何定位才更契合实际情况。

a.信息中介提供的意见的性质

证券分析师、审计人和信用评级机构共同的特点在于它们不局限于传递一手信息,而且分析这些信息形成自己的评估意见然后传达给众多信息接收方。随着信息技术的进步这些意见会传递的更多的对象,并可能被这些对象作为投资的判断材料。对于信息中介提供的不准确信息或缺乏合理根据意见,当然可以追究信息中介的民事责任。但对于这种情况将责任完全归于信息中介的话也可能会导致该行业规模的缩小以及提供意见的积极度的降低。而信息接收方也会因为在举证提供的信息和遭受的损失之间存在因果关系方面存

---

[102] 关于各类金融看门人的监管体系可以通过这些主体所提供信息的影响力和该信息有多不确定有多主观这两方面来予以说明。Fuchita, supra note 2 at 45-49.

在难度，而未必能成功追究民事责任。[103]信息中介的共性之一便是单靠追究民事责任这种事后的措施来约束是存在局限性的。

除了这些共性外不同信息中介提供的信息的性质也存在差异性。会计审计的性质造成审计人的分析评估要基于一个统一的标准，其内容也必须做到客观，很难被审计人的个性所左右。而这些要求在实务中的反映便是审计人需要获得注册资质，审计的评估方法有特定的标准。相比之下以分析证券价格为主业的证券分析师的意见比开展信用分析的信用评级机构更主观，更不确定。[104]确保分析意见多样性的说法与其说是对证券分析不确定性的正向评价，不如说是对其评估手法缺乏规范这种现状的一种妥协性的表态。

分析评估的客观性也会影响到意见接收方的态度。信息提供人提供的意见的客观性越高，市场对该意见的正确性的期待往往也就越高，而通过法律规定来维持分析精度的做法可以理解为对市场期待的一种反馈。然而意见的客观性并不是决定接收方态度的唯一因素，不能只依据提供的意见具备主观性来判断所有的监管规定的是非对错。

b.信息中介在法律中的定位和监管政策的必要性

证券分析师原本并不是基于法律规定的职业[105]，也不像审计人那样需要依法接受其评估。因此从确保其意见的正确性和中立性的角度出发，是否需要法律规定予以约束的问题还是值得商榷的。对于

---

[103] Coffee, supra note 10 at 246. See, e.g., Lentell v. Merrill Lynch & Co. Inc, 396 F. 3d 161（2d Cir.2005）.

[104] 就此而言也有人认为NRSRO和日本的指定评级机构需要课以比卖方分析师更加严格的限制。Fuchita, supra note 2 at 48.

[105] 证券分析师发展历史的相关资料，参考：Coffee, supra note 10 at 253-263。

现行规定的主要对象即卖方分析师，也可以考虑将之定位成承担证券公司销售工作的营销人员之一，除最低限度的披露限制外不做特别约束。[106]2002年SEC发布了一份文件，以提醒投资人注意分析师可能存在的一些利益冲突。[107]该行动可以认为是对分析师的意见进行重新定位的一种尝试。

然而美国现行的监管制度更偏重分析师作为市场信息中介所发挥的作用，是以仅靠提醒和投资人教育等不足以应对为前提的。结果导致围绕卖方分析师的相关利益冲突的监管超出披露限制的范围做出相当严格的规定，由此导致调查对象公司数量的减少这种适得其反的结果。采取这种监管途径的原因在于美国证券市场对分析师的调查结果和推荐意见极为敏感。[108]在美国证券分析师的业绩预测对于信息披露起着重要的作用，所以证券分析师在市场上的影响力也特别大。

相对地，日本的个人投资人受证券分析师的调查结果影响不大，而且对象公司也会定期公布业绩的预期，所以分析师的报告及推荐的信息价值相对较低。[109]由此我认为不做特别的监管干预，将注意力集中到明显的虚假披露和对市场的过度评估上的做法更契合日本的实际情况。但如果政策上需要推动证券分析师在市场中发挥作用的话，为了确保其意见的准确性和中立性还是需要有定制适当的监管制度予以规范。当然由于该规定旨在促进分析师发挥其作为信息提供者的作用，所以在设计监管制度时应注意不要过度限制其

---

[106] Fisch and Sale, supra note 22 at 1039.

[107] SEC, supra note 10.

[108] Fisch and Sale, supra note 22 at 1042, 1078.

[109] Fuchita, supra note 2 at 37, 49.

业务活动。

c.信息中介的商业模式

信息中介商的业态方式很大程度上取决于各类信息中介的分析评估的模式及其发展过程。审计人很少与同行竞争同一家公司的审计工作，并且其收入来源是被审计公司。这种商业模式容易产生评估方与被评估方的相互勾结。审计是法律义务，所以从审计业务在市场中的垄断性来看审计人对于来自被审计公司的压力是有一定对抗能力的。但随着人员层面的相互勾结以及附带业务规模的增大，这种对抗能力也随之逐步减弱。

信用评级机构则会交叉地对多家对象公司或多个对象证券进行评估，每个对象与评估机构间的关联性要低于审计业务。有些信用评级机构商业模式多样，收入也多来自投资人。但即便是那些和审计人一样收入依靠评级对象的那些主流的信用评级机构，每个对象支付的评级报酬也只占整体收入的很小一部分。而且很多信用评级机构都以单位名义提供评估服务，单个分析师很难与对象企业相互勾结。至少在过去信用评级机构对附带业务的依赖程度也不高，再结合信用评级业务市场的垄断性，对抗来自评级对象的压力的能力比审计人更强。

证券分析师与信用评等机构一样在业务形态上往往会有多个分析师对一家公司进行评估的情况。但其分析评估的方法相对主观且分析手法上各有各的特色，因此容易和对象公司相互勾结。再考虑到长期以来证券公司在其业务中一直在运用证券分析师提供的分析报告，上述利益冲突问题更为显著。而且对抗来自投资银行部门或对象公司的压力的能力也显然更弱。当然由于证券分析需要巨额成本来支撑，所以与传统的那种只能靠投资银行业务才能予以正当化的思路不同，我认为证券分析师未必不能实现主流信用评级机构那样的商业模式。

各类信息中介的商业模式多种多样，也会随着法律限制和市场环境的变化而变化，但确保符合商业模式的报酬与利益冲突问题始终是需要研究的课题。优先确保资金来源容易引发利益冲突问题，而严格限制利益冲突问题则又无法确保收入，可谓进退维谷。作为应对可以采取经审计委员会之手支付报酬的方式或构建分析师中介体系。这种模式以一对一的匹配为前提，而市场对于证券分析师及信用评级机构这类信息中介的要求则是能够提供不同角度的意见。可见上述模式与理想的形态还是存在一定差距的。卖方分析师的商业模式是实现多方位调查服务的一个有效的模式，但如上文所述这种模式存在大量利益冲突的问题。美国那边最近在提议以教育补助金券制度为模板的商业模型[⑩]，或许是时候去研究讨论此类根本性的改革方案了。

d. 信息中介市场的集中度

各信息中介业市场的竞争情况虽然也有其历史原因，但一般而言信誉资本的影响较为显著的信息中介的行业壁垒高，市场业务往往会集中向特定业务主体。[⑪]当然这种集中也会为赋予信息中介以对抗外部压力的能力。回到上文中会发现，之所以信用评级机构能够成功地从评级对象处收回成本并能够抵御来自评级对象的压力，业务的集中在此也起到了一定的作用。当然这种集中也容易引发组

[⑩] Stephen J. Choi and Jill E. Fisch, How To Fix Wall Street: A Voucher Financing Proposal for Securities Intermediaries, 113 *Yale L. J.* 269, 316-328（2003）. 该建议的详细情况请参见拙稿·前注（注38）25—26页。

[⑪] Coffee, supra note 10 at 318.

织性的懈怠和信息中介之间明示或暗示的共谋行为，进而产生轻视声誉资本，不积极迭代分析评估手法的倾向。

相对而言证券分析师的市场还是存在竞争的，其原因在于证券分析以证券分析师个人开展分析评估为前提且具有依赖分析个人的分析能力和分析方法的特殊性。[⑫]尽管如"明星分析师"所体现的那样信誉资本会有一定程度上的集中，但并未达到形成行业壁垒的程度。考虑到证券分析师的业务成绩的可视化程度较高，尽管存在群体行为和投资人的有限合理性等问题，但竞争性的市场还是能够在一定程度上约束行业行为的。尽管竞争性市场会更凸显利益冲突的问题，但如果能结合确保收入来源的问题一起考虑的话，在制度的设计上还是应该优先考虑通过披露规定来发挥市场的规范机制。

当然证券分析师的市场环境依旧呈现变化的趋势，竞争性的市场是否会得到维持尚不明确。今后仍需要观察实际情况做进一步研究。

六、结语

证券分析师的相关监管制度的制定过程及后续的调整反映出了设计针对信息中介的监管制度的困难程度。而监管制度的定位又和其他外部因素一起在改变信息中介的意见的定位、其商业模式或市

[⑫] Id. at 319.

场环境。对还处于发展中的信息中介的监管制度仍需要继续开展相关的研究讨论。在此过程中对从各类信息中介在市场上发挥的作用中的共性入手，深化横向对比的研究，可以为当下的环境带来全新有益的分析角度。

高桥真弓/南山大学法学部副教授

索　引

（条目后的数字为原书页码，见本书边码）

用语索引*

分析报告等处理方式的相关规则　158
债权合并记账　136
单方面负担债务的行为　89，91
新股申购邀请　104
典当性质的担保　6，19
SPV的文本交付义务　68
NRSRO　154
MSCB（Moving Strike Convertible Bond：附带可转股债券调价条款的可转股债券型附新股认购权公司债）　124
MSCB的商品特性　128
表外资产　3
《关于会员参与MSCB等的处理》理事会决议　147
海外CB　124
贷款债权证券化　65

贷款债权的转让　65
贷款债权的转让担保　69
多付款归还请求权　71
多付款归还请求权的时效　71
做空　128
审计人　154
企业再生　148
丧失期限利益的特别协议　63
防止稀释已发行股票的价格　133
已发行股票的稀释　128
从现有股东向新股预约权获取人的利益转移　138
金融商品交易法　104
债权区分记账　136
提前清偿条款　132
灰色地带利息　71
悬赏广告　89

---

*　排序依据日文版原书。本丛书统一。

债权人放弃破产申请权　46
CB　→可转股债券型附新股认购权公司债
放弃自主申请权　41
事实上的强迫　80
自主限制规则的执行　151
基于自由意思的支付　80
私募CB　124
公司债附带保证　86
公司债附带保证形成单方面负担债务行为的过程　96
结构灵活化　121
集团投资方案　107
准自主破产　44
证券分析师　154
证券化　36
转让限制条款　131
信息中介　154
书面主义　67
附新股认购权公司债　124
信用评级机构　154
信用增级　8,17,26
责任财产限定特别协议　16,51
卖方分析师　156
组织重组　105
第一类有价证券　104
对抗要件的事前承诺　69
为第三方签订的合同　89,98
定向增发　144
第二类有价证券　104

多重债务问题　63
汇票交易　24
汇票保证　88
汇票贴现　24
附带可转股债券调价条款的可转股债券型附新股认购权公司债（Moving Strike Convertible Bond）　→MSCB
可转股债券型附新股认购权公司债（CB）　124
典型的合同类型　93
破产隔离措施　36
申请启动破产程序　41
防破产程序措施　36
特定组织重组交付手续　106
特定组织重组发行手续　106
特别协议订的立节点与支付利息的节点之间的时间差　81
no-sale 理论　115
信誉资本　185
融资租赁　29
业务助推　167
不公正交易　145
作为法律限制的补充的自主限制　150
否认法人人格的法理　27
新股申购邀请　104
Moving Strike Convertible Bond（附带可转股债券调价条款的可转股债券型附新股认购权公司债）　→MSCB
制造商保证书的法律结构　90

有价证券投资事业权利等　105
有价证券表示权利　104
优惠发行限制　133
Rule133　114
Rule145　115
Regulation AC　158
Regulation FD　176
路演　167

判例索引（日本）

大审院
大判1918・11・5民录24辑2131页　99
大判1927・5・21民集6卷395页　87
大判1943・4・16民集22卷271页　100

最高裁判所
最判1966・3・15民事20卷3号417页　25
最判1990・1・22民集44卷1号332页　74，83
最判1993・11・11民集47卷9号5255页　47
最判2004・2・20民集58卷2号380页　74，76
最判2004・2・20民集58卷2号475页　68，74，76
最判2006・1・13民集60卷1号1页　73
最判2006・1・19裁时1404号1页　73
最判2006・1・24裁时1404号19页　73
最判2006・2・7民集60卷2号480页　20,21
最判2006・10・20民集60卷8号3098页　7
最判2006・12・21民集60卷10号3964页　51
最决2006・9・11判时1952号92页　47

高等裁判所
名古屋高判1957・1・30判决1042号24页　25
福冈高判1964・5・19金法385号2页　25
东京高判1976・9・29判时836号51页　10
东京高决1982・11・30下民事集33卷9=11号1433页　42
东京高判1988・7・25金法1244号32页　10
福冈高判1988・10・30判例Times713

号181页 10

东京高裁1998・7・29判例Times 1042
号156页 10

地方裁判所

名古屋地判1956・6・30下民事7卷6号1731页 25

东京地判1970・5・25判时617号68页 10

东京地判1971・3・31判时666号86页 25

东京地判1974・7・22判时763号56页 10

东京地判1981・5・25判时1022号77页 10

东京地判1981・5・28判例Times 465号148页 25

东京地判1983・5・17判时1095号125页 25

静冈地方富士支院1988・6・4判例Times 683号206页 10

东京地判1989・8・24判时1385号70页 10

东京地决2004・6・1判时1873号159页 143

东京地决2006・6・30判例Time 1220号110页 138

札幌地决2006・12・13金判1259号14页 138

判例索引（海外）

Lentell v. Merrill Lynch & Co. Inc, 396 F. 3d 161（2d Cir.2005） 181

缩略语对照表*

ABS	资产证券化
BIS	资本适足
CB	Convertible Bond可转股债券型附新股认购权公司债
FINRA	金融交易业监管机构
JASDEC	日本证券保管中心
IPO	首次公开募股
MSCB	Moving Strike Convertible Bond附带可转股债券调价条款的可转股债券型附新股认购权公司债
M&A	企业并购
NASD	全美证券业协会
NBL	New Business Law 株式会社商事法务在日本出版的刊物
NRSRO	国家认定的评级机构
NYSE	纽约证券交易所
Regulation AC	Regulation Analyst Certification 法规分析师

* 本表由译者制作。

	认证
Regulation FD	Regulation Fair Disclosure 公平披露规则
SEC	美国证券交易委员会
SFI会报	日本资产流动化研究所在日本出版的刊物
SPC	Special Purpose Company 特殊目的公司
SPV	Special Purpose Vehicle 特殊目的实体
PCAOB	美国公众公司会计监督委员会

图书在版编目（CIP）数据

企业金融方法的多样化与法 /（日）德冈卓树，（日）野田博编；高师坤，范文臻译. -- 北京：商务印书馆，2024. --（企业商事法务丛书）. -- ISBN 978-7-100-24163-2

I.F275

中国国家版本馆 CIP 数据核字第 20242ZL756 号

权利保留，侵权必究。

企业商事法务丛书
企业金融方法的多样化与法
〔日〕德冈卓树　野田博　编
高师坤　范文臻　译

商 务 印 书 馆 出 版
（北京王府井大街36号　邮政编码100710）
商 务 印 书 馆 发 行
北京市白帆印务有限公司印刷
ISBN 978-7-100-24163-2

2024年8月第1版	开本 880×1230　1/32
2024年8月北京第1次印刷	印张 7½

定价：58.00 元